tredition®

www.tredition.de

AF185145

Barbara Saß

Man wird doch mal darüber bellen dürfen

Ein Hundeleben

www.tredition.de

© 2014 Barbara Saß

Umschlaggestaltung, Illustration: Barbara Saß
© Bildrechte: Barbara Saß (Privatarchiv)
Satz, Korrektorat: Corinna Podlech, Hamburg

Verlag: tredition GmbH, Hamburg
Paperback   ISBN 978-3-8495-8130-5
Hardcover   ISBN 978-3-8495-8131-2
e-Book   ISBN 978-3-8495-8132-9

Printed in Germany

Bibliografische Information der Deutschen Nationalbibliothek: Die Deutsche Nationalbibliothek verzeichnet diese Publikation in der Deutschen Nationalbibliografie; detaillierte bibliografische Daten sind im Internet über http://dnb.d-nb.de abrufbar.

Darf ich mich vorstellen?

Ich bin Clooney. Sogar ein Schauspieler wurde nach mir benannt. Zwar begreife ich nicht, warum der Typ sich ausgerechnet einen Hundenamen ausgesucht hat – doch ist das mein Problem?

Ich bin nicht aus Deutschland. Bin entführt worden, sozusagen ein Emigrant. Eigentlich hatte meine Hundemama sich für mich ja eine andere Karriere gewünscht, sollte ein Schauspieler werden, doch der Part war leider schon besetzt. So ist das nun mal.

Da kommen die Deutschen mit ihrem Zaster, zahlen und schleppen einen über die Grenze – so weit weg, dass meine Hundemama mich garantiert nie wiederfinden würde. Ich weiß schon, so weit reicht ihr Geruchssinn nun auch wieder nicht und ich wette, inzwischen hat sie mich auch schon vergessen, weil sie sich aus lauter Kummer wieder neue Babys angeschafft hat. Und die schleppen die Deutschen dann wieder über die Grenze. Das nennt man ja wohl Entführung. Ist das denn überhaupt erlaubt?

So lebe ich nun hier in dieser Stadt, die sie Hamburg nennen und die so viele Hunde hat, dass man sich schon wieder heimisch fühlen kann.

Die Menschen hier in Hamburg heißen alle „Hallo". Ziemlich einfallslos.

Bei uns Hunden ist das anders. Wir haben alle einen Namen und wie ich schon erklärt habe, meiner ist Clooney.

Auf dem Weg über die Grenze habe ich mich ganz eng an mein Frauchen gekuschelt, denn obwohl ich mich so gefreut hatte, dass sie sich für mich entschieden hatte, bekam ich dann doch Angst hier in der Fremde. Ich konnte ja nicht ahnen, wohin die Reise geht.

Nicht auszudenken, wenn die mit mir nach Transsilvanien gefahren wären. Dort lebt nämlich der Graf Dracula, der den Menschen und ganz bestimmt auch den Hunden das Blut aussaugt. Na, Gott sei Dank hat Frauchen auch Angst vor dem.

Und ziemlich doof fand ich dann auch, dass mein Frauchen mehrmals am Tag mit mir auf den Hof gegangen ist. Dort sind wir dann immer im Kreis rumgelaufen.

Bis heute hab ich nicht begriffen, was das zu bedeuten hatte. Ist wohl so üblich in Deutschland. Wenn wir dann endlich wieder in die Wohnung durften, habe ich mich vor Erschöpfung erstmal entleert.

Ich habe rotbraune lange Haare, weiße Pfoten und drei weiße Tupfen oberhalb der Nase. Meine Augen sind braun, meine Nase auch. Keine schwarze Nase – wie die meisten Hunde – nein, meine Nase ist braun. Mein Familienname ist: ,Under the red Sky'.

Ich glaube, ich bin viel hübscher als diese spindeldürren, hochbeinigen und überaus ängstlichen Tiere, die ich manchmal vom Fenster aus sehe und die mein Frauchen Rehe nennt.

Wenn ich sie beobachte, belle ich sie an. Man muss sich doch begrüßen, gehört sich einfach so, doch die sind hochnäsig – bellen nie zurück, bleiben für wenige Minuten stehen, schauen mich blöd an und laufen dann schnell weg. Unhöflich dieses Verhalten. Oder haben die etwa Angst vor mir?

Blödsinn. Vor mir muss man doch keine Angst haben. Bin ganz lieb, ganz friedlich – meistens wenigstens.

Mein Frauchen

Wenn mein Frauchen arbeitet, muss ich zu Oma. Sie macht da irgendetwas, das Oma Gott sei Dank ablehnt. Ich wüsste verdammt noch mal gern, wo sie da immer hingeht, und dass das was Unanständiges sein muss, leuchtet doch jedem Hund ein. Warum sonst nimmt sie mich nie dorthin mit. Macht sie nicht. Weigert sich schlichtweg. Da kann ich noch so treu, so verliebt gucken. Wenn sie da hingeht, schiebt sie mich ab. Ich weiß genau, das ist etwas, das sie genießt, doch mir gönnt sie diesen Genuss nicht, will ihn allein auskosten. Nicht zu fassen, wie viele Stunden sie dort immer verbringt. Kann scheinbar nicht genug kriegen davon.

Neulich hab ich sie genau beobachtet. Sie blieb sehr lange im Bad, hat sich irgendetwas ins Gesicht geschmiert und in die Haare gesprüht. Es roch so gut, dass mir ganz schwindelig davon wurde und ich dachte schon, jetzt gehen wir ganz groß aus, doch dann wurde wieder nichts draus. Ich durfte nicht mit.

Hab schon mal versucht, mich im Auto zu verstecken, mich festzuklammern, doch sie kann ganz schön brutal sein. Packt mich und schiebt mich raus. Und dabei wollte ich doch nur einmal wissen, ob Arbeit wirklich so schön ist.

Ich seh's ihr an, wenn sie mich wieder mal allein lassen will. Sie hat dann so ein Schlechtes-Gewissen-Gesicht und die liebevollen Versprechungen, dass sie bald wieder kommt, helfen dann auch nicht weiter. Nicht mir und ihr auch nicht. Ich stehe dann vor ihr und wedle mit dem Schwanz, schau sie verzehrend an, springe an ihr hoch und gebe ihr ein Küsschen. Was soll ich sonst noch anstellen – mehr geht nicht.

Wenn sie dann sagt: „Sei brav Clooney und warte, Frauchen kommt bald wieder", bin ich beleidigt, ziehe den Schwanz ein, verkrieche mich hinter dem Bett und verfalle in Depressionen.

Auch wenn ich zu Oma muss, lässt sie nicht mit sich reden. Ich hab's schon mit allen Tricks versucht. Hab mich krank gemeldet, doch es half nichts. Mich schlafend gestellt, half auch nichts. Da wird man aus seinem Tiefschlaf gerissen, ins Auto gezerrt und ab zu Oma.

Ich glaube, mein Frauchen ist ziemlich arm. Zunächst dachte ich, ich hab's gut getroffen, doch wenn ich's recht betrachte, hätte ich mir doch lieber ein Frauchen mit Kindern gewünscht, da fällt nämlich immer was vom Tisch runter, wenn die essen.

Frauchen ist nicht nur arm, sie ist auch noch geizig. Zweimal am Tag wird mein Napf gefüllt und wenn ich nicht genau aufpass, dann fress ich auch noch die Kartoffeln oder das Gemüse mit, das Frauchen mir da unterjubeln will. Sie denkt wohl, ich merk das nicht.

Kann sie sich denn gar nicht vorstellen, dass so ein ausgewachsener Hund Fleisch braucht, um bei Kräften zu bleiben? Kommt die mir doch immer wieder mit diesem Grünzeug – bin doch kein Kaninchen. Hin und wieder eine Wurzel, die nehm ich schon an, auch wenn sie mir die als Stöckchen anbietet und denkt, ich merk das nicht. Schmeckt man doch, hat nicht diesen holzigen Geruch, schmeckt eigentlich nach nichts. Auch wenn ich die Wurzel zwischen meine Pfoten nehm und so wie ein Stöckchen halte, ist das noch lange kein Grund, mir einreden zu wollen, dass das ein Stöckchen ist.

Leckerli hat mein Frauchen auch gekauft, doch die versteckt sie - ist eben geizig. Sie steckt sich doch auch mal zwischendurch was in den Mund, nur bei mir wird gespart. Und dann sagt sie immer, dass sie mich ganz doll lieb hat, soll man das denn glauben?

Da muss ich eben bei anderen aufpassen.

Wenn wir spazieren gehen und so ein „Hallo" in die Jackentasche greift, bin ich sofort da, mach Sitz und schau sie ganz treu mit meinen braunen Augen an und dann holt das „Hallo" meistens ein Leckerli aus der Tasche, weil man mir schon ansieht, dass ich am Verhungern bin. Es lohnt sich natürlich immer, sofort zur Stelle zu sein.

Wenn Frauchen mit Papa und Freunden in ein Restaurant geht, darf ich mit. Dieses Privileg hab ich mir hart erkämpft, musste beweisen, dass ich ganz brav sein kann. Ich liege dann artig unter dem Tisch und ertrage das langweilige Gequatsche und nur, weil das immer noch besser ist, als allein zu Haus rumzuliegen.

Eine verdammte Quälerei ist so ein Restaurantbesuch allerdings schon. Man liegt da unter dem Tisch, es duftet himmlisch nach den Köstlichkeiten aus aller Welt und man darf nicht betteln.

Als ich es versuchte, wurde ich bedroht und es hieß: „Wenn du keine Ruhe gibst, kommst du ins Auto."

Neulich bin ich fast ausgeflippt. Da bestellten sie sich doch tatsächlich Käse. Ich denke noch, ich höre nicht richtig. Käse, mein Lieblingsgericht. Machen sie das nun absichtlich, um mich zu ärgern oder denken sie nicht daran, wie einem zumute ist, wenn da oben Käse gegessen wird und man liegt als armer Hund unter dem Tisch und leidet? Ich – ganz cool - hab es geschafft, hab mich beherrscht und mich in mein Käseland geträumt.

Einmal gab's allerdings Ärger. Ich musste was unternehmen. Man kann sich doch nicht alles gefallen lassen. Am Ende heißt es dann noch, das ist gar kein richtiger Hund, ist nur ein armer Trottel.

Da hatte die Kellnerin im Restaurant mir eine Schüssel Wasser hingestellt. Ganz für mich allein versteht sich und da kommt doch so ein blöder Hund an unseren Tisch und ich denke gerade, was will der hier, soll bloß abhauen, da guckt er mich so scheel an und trinkt aus meinem Napf. Ich nicht lange gefackelt und bin auf ihn los. Der Feigling zieht den Schwanz ein und rennt weg. Na also, geht doch.

Trotzdem wollen sie mich immer dabei haben, brauchen eben einen Aufpasser. In dieser großen Stadt, in der doch soviel passiert, wird so manch ein Hund von der Polizei bezahlt, um die Menschen zu beschützen. Endlich hat man erkannt, dass es ohne uns nicht geht.

Ich geh natürlich brav mit ins Restaurant, verrate auch nicht, dass es mir immer noch lieber ist, unter dem Tisch zu liegen und zu leiden, weil die berauschenden Gerüche mich fast um den Verstand bringen, als allein zu bleiben.

Allein zu Haus ist furchtbar. Kommt zwar selten vor, dass sie mich abschieben, doch man weiß ja nie, ob sie jedes Mal wiederkommen. Und ich glaub, ich würd's nicht ertragen, wenn sie mich irgendwann verließen. Darf gar nicht daran denken, sonst fang ich jetzt schon an zu heulen und das wär ja wirklich blöd. Ist doch gar nichts passiert.

Ich möchte irgendwann mal in einem Zirkus auftreten. Auf dem Baumstamm zu balancieren trainiere ich täglich und tanzen kann ich auch schon, auch wenn's noch ein wenig holprig ist. An die Tanzkünste von Nurejews Hund kommt allerdings keiner ran. Dennoch hab ich mir vorgenommen, tüchtig zu üben. Kein Wunder, dass er so gut tanzen konnte, hatte ja einen brillanten Lehrmeister.

Was hat unsereins denn? Was kann mein Frauchen eigentlich? Tanzen wenigstens nicht – hab sie nämlich noch nie tanzen sehen. Immerzu nur an der Alster entlanglaufen. Soll das etwa was Besonderes sein? Machen viele andere doch auch. Davon kann man als Hund nun wirklich nichts lernen.

Ich hätte mir schon gewünscht, dass mein Frauchen außergewöhnliche Fähigkeiten besitzt. Etwa Tango tanzen, übers Wasser springen, den Baum hoch laufen oder ähnliches. Dann könnten wir gemeinsam im Zirkus auftreten. Doch ich ahne schon, das wird nie was.

Na, und von Oma kann ich schon gar nichts erwarten. Die ist doch froh, dass sie die täglichen Spaziergänge noch so gut hinkriegt.

Und wenn ich mal weglaufe, weil es in bestimmten Situationen noch was anderes gibt als nur Leckerli, dann kriegt sie nicht mal den 100-Meter-Lauf hin. Ein kurzer Sprint und schon gibt sie auf. Sitzt dann auf der Parkbank und hofft, dass ich von allein zurückkomme. Bisher hab ich das ja auch immer gemacht, weil mir irgendwann einfällt, dass Oma da sitzt und ganz traurig ist, weil ich mich gegen sie und für die Hundedame entschieden habe.

Manchmal bin ich aber auch sehr einfallsreich, man muss mich nur fordern. Wenn mein Frauchen den Ball vor meine Nase hält und sich nicht entscheiden kann, was sie damit machen soll, dann drehe ich mich im Kreis und führe meine Tanzübung auf und dann ist sie ganz begeistert, was ich so alles drauf habe und wirft den Ball vor Übermut weit von sich.

Ich hab natürlich längst durchschaut, dass ich den Ball immer zurückholen muss, weil sie zu faul ist, sich zu bücken.

Ist auch schon vorgekommen, dass der Ball mit seinem Band in einem Baum gelandet ist. Kein Problem. Wir suchen dann einen langen Stock und schütteln den Baum. Auch wenn manch einer stehen bleibt, uns so seltsam ansieht und uns fragt, warum wir den Baum schütteln, der doch gar keine Früchte trägt.

Die liebe Verwandtschaft mag mich nicht. Weiß der Teufel warum, wo ich doch so lieb bin.

Da gibt es zwei Dalmatiner: Jelko und Jule. Die halten zusammen, dulden keinen anderen Hund in ihrem Haus und dabei hab ich beim ersten Besuch doch nur darauf bestanden, unter dem Tisch zu liegen. Darf ich zu Hause immer und warum sollte es dort anders sein.

Außerdem war ich ja noch so klein, brauchte Schutz und hätte mich so allein in ihrem Garten fürchterlich gelangweilt – glaube ich. Dass Jelko mich dann so verdächtig anknurrte, daraufhin mitsamt seiner Hundedame Jule in den Garten verwiesen wurde, dafür kann ich doch nichts. Hab mich allerdings amüsiert, dass die beiden rausgeschmissen wurden, während ich unter dem Tisch liegen bleiben durfte. Hab den beiden vor lauter Übermut auch die Zunge rausgestreckt. Ist mir einfach so rausgeflutscht. Ich weiß, das tut man nicht, doch es musste sein.

Der nächste Besuch bei der Schwester meines Frauchens brachte dann die Erkenntnis. Jelko und Jule hatten auf ihrem Hausrecht bestanden und ich musste im Auto bleiben. Das war ja nun völlig ungerecht. Ich hab im Auto gesessen, mich gelangweilt und mir Rache geschworen.

Was ist das bloß für eine Gastfreundschaft und eigentlich hatte ich mir ja auch vorgenommen, mich bei ihrem Besuch bei uns zu revanchieren. Hatte mich riesig darauf gefreut, vom Wintergarten aus zu beobachten, wie die beiden sich im Garten langweilen würden. Klappte leider nicht. Ihr Frauchen hat sie einfach zu Hause gelassen.

Wenn wir bei schönem Wetter nach Mölln fahren, sieht die Welt natürlich ganz anders aus. Dann gehen wir um den See spazieren und Jelko und Jule erlauben sogar, dass ich mitkomme. Ich glaube, es ist ihnen auch völlig egal, was ich mache. Es stört mich auch nicht, dass sie mich ignorieren. Es gibt dort ja auch viel zu erkunden. Man darf durch den Wald rennen, in den See springen und Stöckchen holen.

Jelko und Jule geben fürchterlich an, tun ja gerade so, als gehörte alles ihnen. Ich kann mir beim besten Willen nicht vorstellen, dass der See ihrem Frauchen gehört. Wenn das jedoch so sein sollte, dann möchte ich, dass mein Frauchen uns auch einen See kauft, und zwar einen mit vielen Enten darauf, die dann alle mir gehören.

Und dann haben wir noch die supertolle Hundenanny. Bei der werde ich immer verwöhnt. Sie geht mit mir spazieren, spielt mit mir und Leckerli gibt's reichlich.

Ich hab schon überlegt, beim nächsten Mal alle meine Hundefreunde mitzubringen, damit die auch mal sehen, wie gut es mir geht. Sollte aber doch erst mal Frauchen fragen, ob das angebracht ist.

Hundeschule und Hundeführerschein

Von der Hundeschule hab ich die Schnauze voll. Dort musste ich mit den anderen immer die gleichen Übungen machen. Bei Fuß gehen, über Hürden springen, apportieren, in einer Reihe gehen und durch einen Ring springen. War schon ziemlich eintönig das alles. Bin ich etwa nach Deutschland geholt worden, um mich als Herdentier ausbilden zu lassen?

Und dann gab's da einen entsetzlichen Knall. Bin über den Zaun gesprungen und weg war ich. Ich glaub, die haben auf mich geschossen, weil ich kein Deutscher bin und nun sind die hinter mir her, weil Frauchen vergessen hat, für mich ein Visum zu beantragen. Bin ich denn jetzt ein Illegaler?

Ich dachte noch, gleich haben die mich und dann ab ins Gefängnis. Doch da will ich nicht hin, weiß genau, dass man in dem Hof immer im Kreis laufen muss. Kein Baum und kein Strauch dort, nur diese armen Menschen in den Schlafanzügen, die da im Kreis laufen.

Ich bin nur gerannt und war wohl immer noch in Deutschland. Immer die gleichen Felder, Büsche und Gräben und als es dunkel wurde, habe ich doch Schiss gekriegt. Dann fing es auch noch an zu regnen. Mein Fell war völlig durchnässt und ich hab entsetzlich gefroren.

Als ich über einen Graben springen wollte, bin ich ausgerutscht und konnte mich nur mit Mühe aus dem Schlamm retten. Ich hatte so entsetzliches Heimweh nach Frauchen und Herrchen, dass ich schon ganz verzweifelt war und weil ich dachte, dass ich sowieso gleich tot bin, konnte ich nur ganz langsam weiterlaufen.

Als dann ein Auto mit seinen Scheinwerfern auftauchte, ahnte ich sofort, dass die hinter mir her waren. Weil man Autos ja ausweichen soll, habe ich mich noch mit letzter Kraft davongeschlichen, doch dann hörte ich die Stimmen von Frauchen und Herrchen. Ich war so glücklich, dass ich mir vorgenommen habe, nie mehr wegzulaufen, auch wenn ich nicht dafür garantieren kann, dass ich's irgendwann mal vergesse.

Wenn wir im Wald oder an der Alster spazieren gehen, darf ich frei herumlaufen, weil mein Frauchen und Oma einen Führerschein gemacht haben. Den Führerschein für Hunde brauchen die beiden.

Nur weil ich mir vorgenommen hatte, an diesem Tag ganz besonders artig zu sein und brav gemacht habe, was der Mann von der Hundeschule von mir wollte, hat alles so gut geklappt. Den einen Tag kam man ja durchhalten.

Der Mann war einfach nur ein Wichtigtuer, der sehen wollte, ob ich es schaffen würde, brav bei Fuß zu gehen, wenn ein Jogger an mir vorbeirennt und mir den Weg abschneidet. Kann doch jeder – wenn man nur will. Ich hab mich beherrscht, wusste ja, dass Frauchen auf mich angewiesen ist, denn ohne diesen Führerschein dürfen Frauchen und Oma hier nicht spazieren gehen. Das kann man ja nicht mit ansehen, die wollen doch auch mal raus an die Luft.

Nur als Kinder mit dem Ball spielten, hat es mich gereizt, hätte liebend gern mitgespielt, doch Frauchen hat so eine strenge Stimme bekommen, dass ich mich nicht getraut habe. Wenn sie mit so einer Stimme spricht, dann muss man gehorchen und außerdem hatte sie mir ja auch versprochen, dass ich mit ins Restaurant darf, wenn das hier alles klappt. Dem Wichtigtuer haben wir aber nicht verraten, dass das so vereinbart war.

Frauchen bekam beim Abschied so eine sanfte Stimme und hat ihn mit einem treuen Augenaufschlag versichert, dass ich ein ganz liebes Kerlchen bin.

Muss sie dran erinnern, wenn sie mal wieder meckert, weil ich nach dem Spaziergang keine Lust habe, nach Hause zu gehen.

Beim Hundedoktor

Manchmal hab ich eine entzündete Pfote und dann muss ich zum Hundedoktor. Der gibt mir eine Spritze oder Tabletten und reibt meine Pfote mit Salbe ein. Damit ich die Salbe nicht ablecke, kommt ein Verband darüber, dann noch ein Lederschuh oder eine Socke von Frauchen. Das stelle man sich mal vor. Ich geh doch nicht mit Damensocken spazieren. Mach ich nicht. Was sollen denn die Hundefreunde von mir denken, wenn ich mit so einer albernen Damensocke daherkomme.

Kaum sind wir vom Hundedoktor zu Hause, geht die mühsame Pulerei los, um die Socke und dann den Verband abzubeißen. Hab ich es dann endlich geschafft und mich ganz ruhig unter Opas Schreibtisch verkrochen, lockt Oma mich mit einem Leckerli und ich Dussel fall immer wieder darauf rein. Dann sieht sie sofort, dass mein Verband sich gelöst hat und die Prozedur fängt von vorn an. Salbe drauf, Verband – Socke – unter den Schreibtisch und alles wieder abnagen.

Meine Güte, wann begreift sie endlich, dass ich den Verband nicht will. Und die Anschuldigung, dass ich selbst Schuld hab, weil ich mal wieder zu wild hinter dem Ball hergerannt bin, lass ich nicht gelten.

Sie weiß ganz genau, dass nicht ich diese Entzündung verursacht habe, sondern sie. Ständig schmeißt sie den Ball irgendwohin, findet ihn nicht wieder und wer muss ihn dann suchen? Ich natürlich.

An den Tag, als ich so schreckliche Schmerzen hatte, will ich eigentlich gar nicht mehr denken. Es begann damit, dass mein Bauch wehtat und ich nicht einmal mein großes Geschäft machen konnte.

Am nächsten Tag auch nicht und dann musste ich mich übergeben und Frauchen sagte, ich hätte Blut gespuckt. Da bekamen wir es doch mit der Angst zu tun. Wir haben nicht lange gefackelt und sind noch spätabends zum Hundedoktor gefahren.

Und nun kommt's: Der hat mich auf den Tisch gelegt, mich so merkwürdig angesehen und mir eine Spritze gegeben. Ich dachte noch, alles schwimmt vor meinen Augen, kann Frauchen nicht mehr erkennen und schon war ich tot – glaube ich.

Als ich irgendwann aufwachte, war ich noch immer bei dem Hundedoktor in diesem kahlen weißen Raum. Es war schrecklich kalt dort und ich hab nur gezittert. Ich konnte auch nicht mehr laufen, so dass Frauchen mich in ihr Auto getragen hat und nun wusste ich, dass ich doch nicht tot war.

Herrje – hatte ich ein Glück, dass Frauchen mich mit nach Hause genommen hat. Nicht auszudenken, was der Hundedoktor da noch alles mit mir angestellt hätte.

An den folgenden Tagen mussten wir immer wieder zu ihm, obwohl ich mich geweigert habe. Man weiß ja nie, was dem noch alles einfällt und wenn ich wieder 'ne Spritze kriege, kann ich mich nicht wehren, bin total hilflos. Es half aber nichts. Ich bekam Infusionen – was das auch immer ist - und hab's mir nur gefallen lassen, weil Frauchen immer bei mir war und mich gestreichelt hat.

Ich sag euch, Darmverschlingung ist richtig blöd, will das nie wieder haben und darum muss ich aufpassen und darf nicht alles fressen, was da am Wegesrand so rum liegt. Frauchen hat es verboten, doch wenn man ständig Hunger hat, muss man sich ja das Nötigste dazuholen.

Neulich hab ich doch tatsächlich ein Butterbrot gefunden. Wer wirft denn so etwas weg? Ein Kind ganz sicher nicht, es weiß doch, dass die Mama das Brot liebevoll eingepackt hat, damit ihr Kind nicht verhungert. War zwar in einer Tüte versteckt, doch ich hab's gerochen, da war leckere Wurst drauf. Da musste ich ran. Während ich noch eifrig pulte, kam Frauchen und entriss mir die Tüte – eine Gemeinheit.

Hamburg

Hamburg ist die Hundehauptstadt, hat Oma in der Zeitung gelesen. Frauchen sagt allerdings, Berlin ist die Hauptstadt, doch ich glaube, die wissen das beide nicht so genau. Gleich fangen sie auch noch an, sich zu streiten, weil jede es besser zu wissen meint. Ich hör da schon nicht mehr hin, mag nicht, wenn sie sich streiten. Es gibt ja auch wirklich Wichtigeres als unbedingt zu wissen, welche Hauptstadt wir in Deutschland haben – mir doch egal.

Oft geht's aber auch um viel wichtigere Dinge, z. B. wenn Frauchen verspätet zur Verabredung kommt. Oma regt sich dann immer schrecklich auf.

Wenn man allerdings bedenkt, dass der Tag 24 Stunden hat, dann ist das eine so lange Zeitspanne, dass es da auf eine halbe Stunde nun wirklich nicht ankommt. Oma sieht das allerdings ganz anders. Schätze mal, weil sie schon ziemlich alt ist, ist für sie jede Zeit so lebenswichtig. Bei mir nehmen sie's ja auch nie so genau mit der Zeit. Wenn Frauchen mich mit den Worten: „Frauchen kommt bald wieder", allein lässt, dann möchte ich mal wissen, wie lange sie tatsächlich weggeblieben ist. Ich kann's ja leider nicht kontrollieren, ob das auch wirklich stimmt.

Und wenn ich mit Oma mit der U-Bahn in die Innenstadt fahre, dauert das auch ziemlich lange. Die Bahn fährt von Hamburg bis Hamburg und es nimmt kein Ende. Neulich dachte ich schon, Oma hat sich verfahren und wir sind bereits in Dänemark.

Und immer wieder kommen fremde Menschen zu uns, setzen sich und stören mich, weil ich es mir gerade zu Omas Füßen gemütlich gemacht habe. Manchmal wollen die mich dann auch streicheln. Die fremden Menschen wissen natürlich nicht, dass ich das gar nicht so gerne habe. Sie würden es sicher auch nicht dulden, dass jeder Fremde sie antatscht und ich weiß genau, dass Frauchen das auch nicht mag.

Ein Hundeleben ist das. Ich liege hier nun schon seit Stunden und warte darauf, dass einer mit mir spazieren geht. Mein Tag beginnt erst wirklich, wenn wir ausgehen.

Ich wünschte mir, wir hätten eine Hütte auf der Hundewiese. Wie erklär ich das nur meinem Frauchen. Ist aber auch zu schwer, sich verständlich zu machen, wenn sie mein Bellen nicht zu deuten versteht.

Möglich auch, dass Frauchen ebenso gern wie ich auf der Wiese wohnen würde, es aus lauter Rücksicht auf mich und meinen wohlverdienten Schlaf unterlässt. An Schlaf ist auf der Wiese nun wirklich nicht zu denken. Unentwegt rennen die Hunde um die Wette, während deren Frauchen daneben stehen und quatschen.

Und so besteht mein Leben aus warten – warten auf den Spaziergang zur Wiese. Wie es dort aber auch riecht. Diese Gerüche nach Gräsern, Gänseblümchen, Hasen und dem Maulwurf versetzen mich geradezu in einen Rausch. Vor lauter Übermut rolle ich mich im Gras von einer Seite auf die andere und springe über die Wiese.

Und finde ich ein frisch gebuddeltes Loch, an dem ein Hundefreund noch gerade gearbeitet hat, dann kann ich's nicht lassen, muss ebenfalls buddeln, tiefer und tiefer, so dass die aufgewühlte Erde mir um die Ohren fliegt. Ich lasse die Muskeln spielen, grabe wie besessen, Kopf und Körper schon tief im Loch, nur mein Hinterteil ragt noch heraus. Vor Anstrengung muss ich schnauben, doch ich wühle - die Schnauze im Erdreich versenkt – weiter, bis auch ich aufgeben muss. Vermute, das Mäuschen hat sich irgendwo versteckt und amüsiert sich über meine wilde Buddelei.

Die Menschen sind schon eigenartige Wesen, verkriechen sich in ihrem Haus und sitzen immerfort auf einem Fleck, wo es da draußen in der Natur doch viel schöner ist. Alles grünt und blüht, nur hier drinnen ist es staubig und langweilig. Gut, im Haus regnet es nicht, doch das nehme ich gern in Kauf, wenn ich nur raus darf.

Manchmal frage ich mich, ob ich mir das richtige Frauchen ausgesucht habe. Hätte doch etwas kritischer sein sollen. Es gibt nämlich auch welche, die leben im Freien – ich weiß das – habe es von einem Hundefreund gehört. Der Glückliche lebt immer draußen, schläft neben seinem Herrchen unter einer Brücke, manchmal auch im Park und er wird nie in einen Bau eingesperrt und wenn sie sich über irgendetwas ärgern, ziehen sie einfach weiter durchs Land und erfreuen sich ihres Lebens.

Ich wünschte mir, mein Frauchen fände Gefallen an so einem Zigeunerleben. Schätze mal, das ist in dem Land, aus dem man mich entführt hat, auch anders als hier in Hamburg. Die dort sind irgendwie toleranter, nicht so überaus korrekt. Warum musste mein Frauchen mich auch ausgerechnet hierher schleppen? Und dieses übertriebene Füße waschen findet bei denen schon gar nicht statt. Mir kann keiner weismachen, dass das gesund sein soll, ständig an mir rumzuschrubben. Irgendwann hab ich dann gar kein Fell mehr an den Füßen und wie sieht das denn aus?

Auch die Angewohnheit der Menschen hierzulande, den Hundekot in Tüten zu sammeln, ist doch nicht normal, oder? Auch wieder so eine Verrücktheit der überaus korrekten Deutschen. Ist doch total verdreht, so was zu sammeln. Und was machen die mit dem ganzen Kot eigentlich? Meistens versuche ich, mich seitlich in die Büsche zu schlagen, weil ich nicht einsehe, dass man meinen Kot sammelt. Ich will das nicht. Gibt es denn da keine Schamgrenze?

Oft halte ich Ausschau nach einem Maulwurfshügel und setze mein Häufchen obenauf. Das sieht dann lustig aus und ich stelle mir vor, dass der Maulwurf irgendwann hochkommt und dann hat er mein Häufchen auf dem Kopf.

Das Alstertal

Wenn wir Gassi gehen, treffen wir Menschen mit Hunden, mit Kindern oder auf dem Fahrrad – nichts Außergewöhnliches.

Doch was ich neulich zu sehen bekam, hat mich fast umgehauen. Da waren Typen mit einem Boot im Wasser und die hatten keinen Unterleib. Ich glaub, das gibt's nur bei uns auf der Alster, wo denn sonst würde man diese Lebewesen dulden, die sich nur im Wasser aufhalten - und seltsam sieht das obendrein auch noch aus.

Zunächst habe ich ganz laut gebellt. Hat aber nichts genützt. Die Typen waren stur, taten gerade so, als würden sie mich nicht hören. Dabei wusste ich genau, die hatten Angst vor mir, paddelten wie wild, um nur schnell wegzukommen. Ich geb' aber nicht auf. Irgendwann erwisch ich die doch.

Manchmal haben die in ihrem Boot auch einen Hund dabei. Ich denke mir, der soll sie beschützen. Der tut mir unendlich leid, mit diesen eigenartigen Kreaturen möchte ich jedenfalls nichts zu tun haben. Nicht zu glauben, wozu so ein Hund sich herablässt.

Immer wieder treffen wir Jogger und als ich neulich mitlaufen wollte, hab ich ganz laut gebellt, weil die mir den Weg abgeschnitten haben.

Vor denen sollte man sich in Acht nehmen. Die haben sicher was ausgefressen, warum sonst laufen sie immer so schnell. Man sollte Polizeihunde einsetzen. Die sind doch dafür ausgebildet, Kriminelle einzufangen. Ich bin zwar auch für Toleranz, doch das geht einfach zu weit. Diese Typen gehören hinter Gitter, nur hier dürfen sie frei herumlaufen.

Frauchen versteht das allerdings nicht, hat den Ernst der Lage noch nicht erkannt. Sie hat sogar mit mir geschimpft und angedroht, mich wieder zur Hundeschule zu schicken, wenn ich einen Jogger anbelle. Das hat man nun davon, wenn man Verantwortung zeigt.

Enten jagen ist verboten. Wer hat sich denn das ausgedacht? Das geht ja gar nicht. Ich bin schließlich ein Nova Scotia Duck Tolling Retriever, und dann keine Enten jagen? Gerade das macht doch Spaß.

Meistens unterlass ich es jedoch, weil Frauchen es so will. Leider darf sie bestimmen, was ich zu tun und zu lassen habe und so füge ich mich.

Ist schon ein elendig Hundeleben, das ich führe. Überall Verbote. Ist aber auch zu verlockend, wie die Enten hier auf der Alster schwimmen und mich frech angucken, weil sie genau wissen, wenn ich sie jage, gibt's Ärger. Ich glaube, die haben sich mit Frauchen verschworen, doch wie soll ich das beweisen?

Neulich hab ich mal eine Schwanenfamilie entdeckt. Eine richtige Familie mit kleinen grauen Schwanenkindern. Sie standen da im Wasser und ich denk noch, na, da kann man doch mal gucken, ob die spielen wollen, doch kaum hat der Schwan mich gesehen, hat er sich aufgeplustert, hat die Flügel weit geöffnet und ist mit lautem Geschrei wie ein Wilder auf mich los. Was bildet der sich denn ein, sich wie ein Verrückter zu gebärden und was hat der hier eigentlich zu suchen? Der Angeber denkt wohl, weil er so schön weiß ist, kommt er aus besserem Hause.

Ich hab natürlich sofort erkannt, dass Gefahr im Verzuge war und nichts wie weg. Man will sich ja nicht mit so einem wild gewordenen Schreihals anlegen.

Einmal haben wir einen Graureiher gesehen, der in einem Tümpel auf einem abgebrochenen Ast stand. Als er uns bemerkte, ist er zwar weggeflogen, doch er wusste ja nicht, dass er sich gerade dorthin geflüchtet hatte, wo auch wir spazieren gehen wollten.

Wir haben uns ihm Schritt für Schritt genähert, haben uns ganz still verhalten und ihn aus nächster Nähe beobachtet. Eigentlich interessiert der mich nicht im Geringsten. Wie er schon dasteht, stocksteif und sich nicht rührt, so als habe er Depressionen. Nur langweilig, dieser komische Vogel.

Was soll ich denn von dem neuesten Gerücht, dass hier im Alstertal Füchse gesehen wurden, halten? Ich glaub das einfach nicht.

Wenn das jedoch stimmen sollte, hab ich schlechte Karten. Weiß doch jeder, dass ich einem Fuchs sehr ähnlich sehe und damit der Förster mich nicht aus Versehen für einen Fuchs hält und mich erschießt, muss ich dann an die Leine. Kann man so was mit mir machen?

Hab schon über eine Haarfärbung nachgedacht. Wär
ja auch voll krass, wenn Frauchen mir das Fell lila
färben würde. Hab das schon bei einem Mann gesehen und finde, das sieht echt cool aus. Und wer so
aussieht, darf auch in die Disco gehen.

Jetzt regnet es schon wochenlang. Sauwetter, sagt
Frauchen - und zu recht. Eigentlich stört mich der
Regen gar nicht, es macht ja auch Spaß durch die
Pfützen zu laufen, doch dann darf man erst nach
Hause, nachdem die Pfoten gewaschen wurden.

Ich mag das nicht. Immer dieses Abspülen, Abrubbeln und noch mal von vorn, nimmt das denn nie ein Ende? Und manchmal verbietet Frauchen mir dann auch zu baden, weil die Alster so eine starke Strömung hat. Sie weiß doch, dass ich der beste Schwimmer in Hamburg bin.

Ich vermute vielmehr, hinter ihrem Badeverbot steckt die unbändige Angst, ich könnte ihr davonschwimmen. Weit weg, dorthin, wo die großen Schiffe sind und wo immer Urlaub ist, dabei sollte sie doch wissen, dass ich Urlaub nicht ausstehen kann. Hat sie etwa vergessen, dass ich da nie wieder hin will?

Und jetzt ist nach all dem Regen auch noch die Brücke überschwemmt, und was nun? Bin bei Oma und Opa und komm nicht mehr zurück zu Frauchen. So habe ich mir mein weiteres Leben nun auch wieder nicht vorgestellt. Nicht, dass ich was gegen Oma und Opa hätte, doch nun will ich zu Frauchen.

Herrje, es soll endlich aufhören zu regnen. Man trifft ja auch kaum noch Freunde draußen, die sitzen alle in ihrer Hütte und warten auf Sonnenschein.

Wer außer Oma geht denn auch bei Wind und Wetter spazieren? Man hat ja schließlich ein Hundeherz und darum gehe ich mit.

Wenn es nur regnen würde, wäre es ja noch zu ertragen, doch manchmal entsteht nach einem heftigen Unwetter ein fürchterliches Grollen, Krachen und Blitzen, sodass ich befürchte, die schießen schon wieder auf mich und dann muss ich schnell unter Opas Schreibtisch.

Als ich mich nach so einem Unwetter wieder ans Fenster setzte, sah ich die Bescherung. Unmittelbar vor unserer Pforte lag ein dicker Ast der Eiche. Kein Durchkommen mehr und ich befürchtete schon, hier für immer eingesperrt zu sein.

Meine Güte, was es hier auf dem Spielplatz aber auch alles gibt. Von der Sandkiste, Schaukel, Wippe, Klettergerüst, Kletterbaum, Drehscheibe, Tischtennisplatte und Rutsche bis hin zu einem überdachten Grillplatz und alle dürfen da hin – nur Hunde nicht.

Versteh ich nicht. Wissen die denn nicht, dass Hunde auch gerne spielen? Und zur Tischtennisplatte lauf ich besonders gern. Wie ein Geschoß kommen die Bälle daher und ich weiß schon gar nicht mehr, wohin ich rennen soll, um einen über den Tisch fliegenden Ball zu erreichen.

Wenn Frauchen mit mir zum Kiosk am Spielplatz geht, muss ich an die Leine, um nicht aus Versehen vom Weg abzukommen, weil manche Kinder Angst vor Hunden haben.

Die Kinder, die dort toben, sind in zwei Kategorien zu unterscheiden – das hab ich inzwischen erkannt. Nämlich die, die Tiere lieben und die, denen man erzählt hat, dass Hunde vom Wolf abstammen und Kinder beißen.

Man kann es diesen Kindern ja auch nicht verübeln, dass sie höllische Angst haben. Wenn sich ihnen ein Hund nähert, fangen sie sofort an zu schreien und nicht nur die Kinder, auch die Mütter geraten in Panik, schreien und laufen davon. Ich stehe dann immer ganz betroffen daneben und auch Frauchen weiß sich nicht zu helfen.

Möglich, dass Frauchen schon mal ein Kind gebissen hat, ich jedenfalls war das nicht. Die Kinder aber, die von Frauchen wissen wollen, wie ich heiße und ob sie mich anfassen dürfen, die mag ich. Wenn sie mir dann fast zaghaft über mein weiches Fell streichen, dann spüre ich die Liebkosung, die mir und ihnen gut tut.

Was mein Frauchen Winter nennt, ist kalt. So kalt, dass ich nicht mal baden kann, weil das Wasser gleich an meinem langen Fell gefriert.

Nicht, dass ich etwas gegen Kälte hätte, doch Frauchen und Oma scheinen die nicht zu mögen, gehen nicht mehr so oft mit mir spazieren und warum wir nicht mehr auf der Terrasse essen, das hat mir auch noch keiner gesagt. Denken sie denn, ich bin dumm? Mit mir kann man doch reden. Mir können sie sich doch anvertrauen. Die wollen - glaube ich - nicht mehr draußen essen, weil sie zu faul sind, den kleinen Ofen, auf dem die Würstchen immer so lecker brutzeln, rauszustellen.

Die Nachbarn essen auch nicht mehr draußen und ich denke, Oma hat sich den Gewohnheiten der Nachbarn angepasst. Hab schon lange erkannt, auf die Bedürfnisse eines kleinen Hundes nimmt niemand Rücksicht.

Und so sitze ich hier vor dem Fenster, schaue sehnsüchtig raus und beneide die Eichhörnchen, die auf den Bäumen herumtanzen.

Die einzige Freude, die mir im Winter bleibt, ist während des Spaziergangs im Schnee zu baden. Dazu lege ich mich lang hin und rolle mich durch den Schnee, sodass ich ganz weiß bin und mein rotbraunes Fell nur vereinzelt durchschaut.

Und weil es jetzt immer so schnell dunkel wird, habe ich ein Leuchthalsband. Oma hat darauf bestanden, obwohl ich das total blöd finde. Ich glaube, Oma wollte das nur haben, weil meine Hundefreunde auch so bunt leuchten und so laufen wir hier wie Laternen durch den Park.

Wie soll ich mich denn da entfalten, wenn ich mich nicht mal verkrümeln kann und sofort zurückgepfiffen werde, wenn ich auf Entdeckungstour gehe.

Der Winter hat jedoch auch Vorteile. Es gibt dann nämlich keine Zecken. Das sind diese kleinen Tierchen, die in den Büschen sitzen und nur darauf warten, dass unsereins vorbeikommt, um sich auf ihn zu setzen.

Gutmütig, wie ich bin, lasse ich es zu. Will ja auch mal rumkommen das Tierchen, was von der Welt sehen und dann hat sich dieses hinterhältige Biest an mir festgebissen und saugt mich aus. Saugt wie Dracula aus Transsilvanien und die Gefahr besteht, dass ich immer dünner werde und gar kein Blut mehr habe. Dann falle ich garantiert in mich zusammen. Das will ich nicht.

Und außerdem überträgt die Zecke auch noch Keime auf mich, durch die ich schwer krank werden könnte. Böse, diese Welt.

Hier im Alstertal begegnen wir auch Menschen, die sofort grummeln und ungehalten sind, wenn man sich ihnen nähert oder gar über den Weg läuft. Möglich, dass sie Schmerzen haben und darum missmutig oder depressiv sind. Wenn sie auf der Bank sitzen, starren sie vor sich hin und bemerken nicht einmal, wie schön die Natur ist.

Neulich bin ich zu einem älteren Ehepaar gelaufen und hab sie ganz lieb angeschaut. Eigentlich mehr aus Versehen, weil die Frau in ihre Tasche griff und da musste ich doch reagieren, denn wer in die Tasche greift, zieht nämlich ein Leckerli heraus – weiß ich aus Erfahrung. Doch da tat sich rein gar nichts. Ich hab das Ehepaar zunächst ratlos angeschaut, konnte meine Enttäuschung kaum verbergen, denn statt eines Leckerli kam nur ein Taschentuch zum Vorschein. Nach Minuten regte sich in der Frau jedoch etwas. Ihre Gesichtszüge erhellten sich, ein zaghaftes Lächeln war zu erkennen und dann hat sie Frauchen nach meinem Namen gefragt. Ich horchte auf. Wer mich anspricht, der mag mich und vielleicht zaubert er ja doch noch etwas aus seiner Tasche. Man weiß ja nie.

Als wir uns nach Tagen wieder trafen, war ich angenehm überrascht. Das Ehepaar begrüßte uns schon von Weitem, wusste auch noch meinen Namen und so trübsinnig schauten die beiden nun auch gar nicht mehr drein. Sie schlugen vor, sie doch auch mal in ihrem Altenheim zu besuchen. Finde ich prima. Ich seh's doch, dass es ihnen Freude bereitet, mich zu streicheln und dann würde ich mir natürlich ganz viel

Mühe geben, sie zu unterhalten. Ich könnte tanzen, Pfötchen geben, mich auf dem Fußboden rollen und vieles mehr. Und ich vermute, dann haben sie außer Taschentüchern auch ein Leckerli zur Hand.

So friedlich, wie es den Anschein hat, ist es hier im Alstertal allerdings doch nicht immer. Frauchen sagt, eine Hundehalterin hat ihrem Hund ein Stück vergiftetes Fleisch weggenommen, das er sich aus dem Busch geholt hatte. Ich kann das kaum glauben. Wer hasst Hunde und ist so vergrätzt, dass er uns etwas Böses antun will? Möglich, dass eine Frau ihrem lieben Ehemann vergiftetes Fleisch aufgetischt hatte, er jedoch misstrauisch war und es nicht essen wollte. Und um zu beobachten, wie Hunde darauf reagieren, könnte er das Fleisch doch einfach in den Busch gelegt haben.

Nun haben wir Hunde das Nachsehen. Frauchen lässt mich nicht mehr aus den Augen und sich mal eben in den Busch verdrücken ist auch nicht mehr drin.

Die Männer flüchten

Ich kann mir einfach nicht erklären, was hier passiert ist. Schönstes Wetter, blauer Himmel, laue Luft und die Männer verlassen scharenweise die Stadt.

So etwas soll's ja vor vielen Jahren schon einmal gegeben haben. Damals hatte ein Mann mit seiner Flöte die Kinder aus Hameln gelockt. Sie waren ihm gefolgt, hatten Vater und Mutter verlassen und sind nie wieder aufgetaucht.

Sicher waren das ahnungslose Kinder, die der Rattenfänger entführt hatte, doch dass erwachsene Männer sich entführen lassen, kann ich mir nun wirklich nicht vorstellen.

Frauchen joggt, ich hinterher und habe nicht das Gefühl, dass diese Wanderbewegung der Männer sie irgendwie berührt.

Mich allerdings schon. Ich seh doch, dass sie vermehrt hier ins Alstertal strömen, man kommt ja kaum an ihnen vorbei. Einzeln und in Gruppen kommen sie uns entgegen. Haben einen Rucksack dabei, viele auch einen Bollerwagen, auf dem sie ihr Hab und Gut mitschleppen.

Weil's an diesem Tag ziemlich warm ist, haben die natürlich nur an Bier und Würstchen gedacht. Typisch Männer.

Frauen würden sich bei einer Flucht ganz sicher für Kleidung, Schuhe, Handtasche und Schmuck entscheiden. Und ohne Kind und Hund würden Frauen schon gar nicht losziehen.

Ich hab heimlich in ihren Bollerwagen geguckt. Stapelweise Würstchen und es roch so verdammt gut, dass ich kurz überlegte, mich ihnen anzuschließen.

Hab mich dann doch für Frauchen entschieden. Man weiß ja nie, wohin diese Typen ziehen und ob die überhaupt einen Hund dabeihaben wollen.

Ich denke mir, die hatten zu Hause furchtbaren Krach, so dass sie sich entschlossen haben, ihre Frauen zu verlassen und weil sie nicht wissen, wie's weitergehen soll, müssen sie sich Mut antrinken.

Traurig sind die allerdings nicht. Grölen schon am frühen Morgen, sodass der Lärm mir langsam aufs Gemüt geht. Nein, mit denen geh ich nicht. Sind mir alle viel zu laut.

Großer Schreck. Nun ist auch noch einer ins Wasser gegangen. Nur weil er festgestellt hat, dass er keine Frau mehr hat und mit einem einzigen Hemd auf dem Leib dasteht, muss er doch nicht gleich ins Wasser gehen.

Warum läuft Frauchen nicht nach Hause? Nicht auszudenken, wenn nun auch noch Papa unsere Wurst einpackt und sich diesen Typen anschließt.

Ich bin schon furchtbar nervös, bleibe einfach stehen, um zu signalisieren, dass ich nicht mehr will, dass wir uns schnellstens nach Hause begeben sollten, um nachzusehen, ob alles in Ordnung ist.

Sie reagiert nicht, versteht mich mal wieder nicht. Jetzt mach ich mir doch schon Vorwürfe. Hätte nicht mit Frauchen mitlaufen, hätte zu Hause bleiben und auf Papa achten sollen.

Endlich biegt sie in den Weg zu unserer Wohnung ein und dann die Überraschung. Papa kommt uns im Schlafanzug entgegen. Gott sei Dank hat er verschlafen und scheint von der Wanderbewegung der Männer überhaupt nichts mitbekommen zu haben.

Besuch in Bremen

In Bremen hab ich ein Herrchen, den hab ich ganz lieb. Ich freu mich wie verrückt, wenn er zu mir kommt und manchmal besuchen wir ihn auch.

Einmal hat er mich allerdings einem fremden Frauchen anvertraut und die ist mit mir zum Werdersee gefahren. Das kam mir gleich so merkwürdig vor, wie die Hundefreunde mich angesehen haben, so als wollten die mich dort nicht haben. Die schienen in mir sofort den Touristenhund erkannt zu haben und Touristen mögen die Bremer nicht.

Und dann hat da doch tatsächlich einer auf mich geschossen, sodass ich weglaufen musste. Gibt's denn so was? Die schießen auf Touristenhunde. Ich bin gelaufen und gelaufen, doch die Wohnung von Herrchen war nicht zu finden. Waren so viele fremde Häuser da, dass ich schon ganz verwirrt war.

Bin also gelaufen und habe gehofft, bald in Hamburg zu sein. Als es dunkel wurde und ich total erschöpft war, hab ich mich in einem Hauseingang in einer Ecke verkrochen und gewartet. Und dann hatte ich plötzlich so großes Heimweh, dass ich nur noch wimmern konnte.

Als eine fremde Frau mich ansprach, hatte ich schreckliche Angst, dass sie mich entführen könnte. Ich hab am ganzen Leib gezittert, weil ich sofort ahnte, dass das eine Bremerin war. Doch dann hat sie mich so lieb angeschaut und mich gestreichelt, dass es auch schon wieder gut tat und darum hab ich ihr auch erlaubt, mein Halsband anzusehen, obwohl ich eine Sekunde lang überlegte, sie zu beißen.

Sie hat ihr Handy aus der Tasche gezogen und da reingesprochen.

Und dann stand mein Herrchen plötzlich vor mir. Ich war so voller Trauer und Angst, dass ich nur noch zittern konnte und meine Augen wollten auch nichts mehr sehen. Ich hab nicht einmal aufgeschaut, als er auf mich zukam und mein Geruchssinn schien da völlig blockiert gewesen zu sein.

Erst als er meinen Namen rief, hab ich ihn angesehen und dann bin ich fast verrückt geworden vor Freude. Ich bin an ihm hochgesprungen und hab ihn immer wieder abgeleckt, so glücklich war ich.

Ich war noch klein, als mein Herrchen und sein Kollege mich in ein eigenartiges Haus mitgenommen haben. Ich glaube, die haben sich nicht allein getraut, dorthin zu gehen und darum musste ich mit. Man hilft ja gern.

An dem großen Tor dieses Hauses haben wir geklingelt und kurz darauf hat ein Mann in Uniform und mit einer Trillerpfeife das Tor für uns geöffnet.

Mein Herrchen hatte eine große schwarze Kiste auf der Schulter und sein Kollege eine Keule in der Hand, in die er immer reingesprochen hat. Ehrlich gesagt, ist das eine Hundsgemeinheit, die Männer dort einzuschließen. Mir haben sie ja nicht anvertraut, warum sie da sein mussten, doch am Ende taten sie mir richtig leid.

Wenn die Männer spazieren gehen wollen, haben sie keinen Wald und keinen Park, müssen immer nur auf dem Hof auf- und abgehen. Das muss ja total langweilig sein. Wer kann das denn aushalten und wer bisher nicht aggressiv war, wird es nun garantiert.

Wir haben die Männer angesprochen, durften ihnen auch beim Sport zusehen. War schon lustig, weil alle so eigenartig angezogen waren. Wenn ich mich recht erinnere, trägt mein Herrchen so einen Anzug immer zum Schlafengehen, nicht aber beim Joggen.

Vielleicht hat man die Männer da auch nur eingesperrt, weil sie so seltsame Kleidung tragen und darum dürfen die nicht in der Stadt rumlaufen, weil sie Frauen und Kinder erschrecken würden. Sie sahen überaus grimmig aus, dass ich mich schon ein bisschen gefürchtet habe und nun konnte ich auch verstehen, warum mein Herrchen mich zur Unterstützung mitgenommen hat.

Irgendwann haben wir uns dann aber mit den Typen dort angefreundet. Die haben sich niedergekniet, haben mich angesprochen und obwohl ich das eigentlich gar nicht schätze, durften sie mich auch streicheln.

Als mein Herrchen und sein Kollege sich irgendwann entschieden hatten, doch nicht dort zu bleiben, hat der Trillerpfeifenmann uns zum Tor begleitet. Obwohl die Männer so traurig geguckt haben, sind sie freiwillig dort geblieben. Versteh ich nicht. Wie blöd ist das denn?

Das Tor schloss sich und wir waren in Freiheit. Ich würde schon noch mal dorthin mitgehen, denn zur Belohnung gab's ein leckeres Würstchen.

Einmal ist Oma mit mir von Hamburg nach Bremen gefahren. Sie wollte ja eigentlich in die Kunsthalle und hatte wohl vergessen, dass ich da nicht rein durfte. Zum Glück ist ihr noch rechtzeitig eingefallen, dass mein Herrchen in Bremen wohnt.

War das eine Freude, als er plötzlich vor mir stand. Ich bin an ihm hochgesprungen, hab ihn abgeleckt und ihm gebellt, dass Oma mich aussetzen wollte.

Ich dachte nämlich, jetzt werde ich vor der Kunsthalle angebunden und muss hier stundenlang auf sie warten und jeder, der vorbeikommt, darf mich betatschen. Wer fährt denn auch freiwillig nach Bremen? Denken die etwa, ich hab vergessen, dass die Bremer Touristenhunde nicht leiden können?

Bei Opa und Oma

Nicht, dass es mir bei Oma nicht gut ginge. Im Gegenteil, dennoch bin ich lieber bei Frauchen. Wie schon erwähnt, Frauchen will ja immer zur Arbeit.

Zwar geht Oma oft mit mir spazieren, nur wenn es regnet, dann langweile ich mich und mein Fressen bekomme ich auch erst, wenn Oma und Opa zu Abend essen.

Oft habe ich schon gedacht, die haben mich total vergessen und ich muss sie ganz traurig ansehen, damit sie endlich kapieren. Kann man nichts machen. Ich glaub, das liegt daran, dass alte Leute schon mal was vergessen. Nur seinem Hund das Fressen nicht rechtzeitig zu geben, das ist schändlich.

Nach dem Abendessen schaltet Oma den Fernseher ein und das ist dann total langweilig. Hab wiederholt versucht, sie abzulenken, indem ich mich vor diese Kiste gesetzt, die Ohren gespitzt und die beiden ganz lieb angeguckt habe, nützte aber nichts. Sie schauen einfach an mir vorbei.

Ich begreif nicht, was es da so Interessantes geben kann, dass man mich dafür übersieht. Und dann gehe ich weg – bin beleidigt. Ich weiß genau, bald muss Frauchen ja kommen und mich abholen, hab das so im Gefühl.

Natürlich habe ich auch Gefühle, bin doch ein sensibles Wesen, das sollte man nicht verkennen. Vom Fenster aus kann ich den Weg, auf dem sie entlanggeht, sehen. Sitze und warte. Meine Güte, dauert das lange, kann sich mal wieder nicht von ihrer Arbeit trennen.

Wenn sie dann auf dem Weg zu sehen ist, bin ich plötzlich ganz aufgeregt und mein Herz rast zum Zerspringen. Ich also zu Oma, renne vor ihrem Sessel auf und ab und wimmere. Wenn sie mich dann fragend anguckt, weiß ich, sie checkt mal wieder nichts. Na ja, alte Leute haben eben eine lange Leitung.

Erst wenn es klingelt, steht sie auf, geht an die Tür und sagt: „Clooney, dein Frauchen ist da."

Als wenn ich das nicht schon lange wüsste.

Wenn die Tür geöffnet wird, renne ich Frauchen entgegen. Ich kann's nicht ändern. Die Freude lässt mich vibrieren. Es kribbelt in meinen Beinen und ich springe an ihr hoch, drehe mich im Kreis und schmeiß mich auf den Boden, Beine hoch und lass mich kraulen. Es tut so gut, sie wiederzuhaben.

Neulich hab ich Oma auf unserem Spaziergang ausgetrickst. Sie hat mit einem „Hallo" gequatscht, hat gar nicht bemerkt, dass ich mich seitlich in die Büsche geschlagen habe.

Und dann roch es da so verdammt gut, dass ich dem Geruch einfach folgen musste. Ein innerer Zwang. Ich wurde ganz nervös, alles in mir bebte und irgendwo in der Ferne hörte ich dann Oma wie verrückt nach mir rufen.

Lass sie rufen, dachte ich bei mir. Sie begreift einfach nicht, wie berauschend es ist, sich solch einer Hundedame zu nähern, sich mit ihr zu vereinen. Man muss hartnäckig sein, immer an der Dame dranbleiben.

Erst als das Frauchen der Hundedame mich energisch abgewiesen und mir sogar gedroht hat, habe ich mich umgedreht und bin zurückgelaufen. Man will sich ja nicht aufdrängen.

Oma gebärdet sich jedes Mal, als wäre ich für immer entlaufen. Eine riesige kaum zu benennende Freude entsteht, wenn sie mich dann wiedersieht. Das tut mir ja wirklich leid, dennoch kann ich nicht dafür garantieren, beim nächsten Mal standhaft zu bleiben.

Wenn es klingelt, bin ich der Erste, der an der Tür steht. Bin ja schließlich auch der Aufpasser hier im Haus. Nur schade, dass Oma mich immer festhält, würde so manchem schon mal zeigen, wie kräftig ich bin, doch man lässt mich nicht.

Das soll mal einer verstehen. Erst schaffen sie sich einen Wachhund an und wenn Gefahr droht, wird man zurückgepfiffen.

Der Mann mit der gelben Jacke ist ab sofort mein Freund. Schon mehrmals hat er mir Leckerli gegeben. Hab mir das genau gemerkt. Hoffentlich kommt der nicht mal auf die verrückte Idee und überfällt uns, denn den darf ich nicht beißen. Wär ja total blöd von mir. Wer beißt schon seine Freunde.

Und unsere Nachbarn beschütz ich auch, denn mit denen muss ich mich gut stellen. Wenn wir im Garten sitzen, lauf ich gern mal rüber. Die haben ein

Einsehen mit mir und lassen beim Abendbrot schon mal ein Stück Käse fallen. Wahrscheinlich sind die nicht so arm wie Frauchen und können es sich leisten, etwas von ihrem Abendbrot abzugeben.

Hoffentlich petzen die nicht, muss Frauchen ja nicht wissen, dass ich bei ihnen schon meine Ration Fressen bekommen habe. Es könnte natürlich auch sein, dass unsere Nachbarn das nur aus Berechnung machen, weil sie sich sonst nicht in den Garten trauen. Sie wissen ja, dass ich hier der Wachhund bin und wer sich nicht gut mit mir stellt, der darf nicht auf die Terrasse gehen.

Manchmal ist es mir auch zu langweilig und dann gehe ich auf ihre Terrasse, setzte mich vor die Tür und warte. Irgendwann kommen sie dann heraus und spielen mit mir.

Wirklich furchtbar nett von ihnen, dass sie mir immer eine Schale mit Wasser auf die Terrasse stellen. So ein köstliches Wasser hat Oma nicht und ich erlaube auch, dass die Vögel ebenfalls davon trinken.

Es kommt auch vor, dass ein fremder Hund an unserem Zaun steht und so überheblich guckt, als würde er denken: Du armer Kerl bist eingesperrt und ich darf frei herumlaufen. Diese Arroganz ist nicht zu ertragen, macht mich rasend.

Was denkt der sich denn, wie ich mich verhalten sollte? Den muss ich ja ausschimpfen – diesen blöden Hund. Dann rennt er am Zaun entlang, sucht wohl ein Schlupfloch und ich hinterher.

Wenn der hier eindringt, zerfleisch ich ihn, hab die Zähne schon gefletscht und knurre bedrohlich. Irgendwann hat er dann doch kapiert, dass er hier nicht rein kann, dass ich viel zu gefährlich bin und er es mit mir nicht aufnehmen kann. Dann dreht er sich um und läuft weg.

Endlich Sommer. Wir sind jetzt viel im Garten, essen auch draußen und wenn ich mich unter den Tisch lege, fällt vielleicht mal was runter. Man muss eben aufpassen.

Am liebsten mag ich ja Käse, auch wenn irgendjemand meinem Frauchen erzählt hat, Käse würde meinen Geruchssinn verderben. Eine Hundsgemeinheit ist das und das Schlimmste daran ist, dass mein Frauchen diesen Schwachsinn auch noch glaubt.

Ich ahne natürlich, warum der so etwas behauptet. Der hat sich mal mit Käse überfressen, ist ganz krank davon geworden und nun denkt er, es könnte anderen ebenso gehen. Ich allerdings kann eine Menge davon vertragen, nur gibt man mir ja keine Gelegenheit, das zu beweisen.

Wenn wir im Garten sind, muss ich immer Ball spielen. Oma und Opa werfen den Ball in alle Richtungen und ich muss ihn suchen. Kaum zu glauben, wohin dieser Ball auch fliegt. In den Busch, ins Blumenbeet und zu den Nachbarn auf die Terrasse.

Eigentlich mag ich Ball spielen ja für mein Leben gern, doch das sage ich ihnen nicht. Sollen sie ruhig denken, ich bin so eifrig und such diesen Ball für sie.

Macht immer einen guten Eindruck, wenn man sich für andere einsetzt.

Nur wenn der grüne Mann mit der Höllenmaschine kommt, dann verkriech ich mich. Am liebsten unter Opas Schreibtisch. Der Kerl läuft stundenlang auf dem Rasen auf und ab und schiebt dieses Ding da vor sich her und schert sich nicht drum, dass ein sensibler Hund leidet. Wann begreift Oma das endlich und jagt ihn weg.

Und außerdem finde ich den Rasen, wenn er ganz lange nicht gemäht wurde und Gänseblümchen darauf wachsen, doch auch viel schöner. Erinnert mich ein bisschen an die Hundewiese.

Die Welt ist ungerecht. Warum sonst darf Oma im Blumenbeet kratzen, während mir das verboten wird? Und die Ausrede, dass ich die Blumen kaputtmache, lass ich nicht gelten.

Ich vermute jedoch, Oma hat neulich gesehen, dass ich meinen Knochen dort versteckt habe. Man muss ja vorsorgen, muss an die mageren Zeiten denken. Und nun sucht sie meinen Knochen, wühlt alles durch, so dass sie schon richtig ins Schwitzen gekommen ist. Wenn sie ihn findet, bin ich ihn los.

Muss mir zukünftig wohl doch ein anderes Versteck aussuchen, eines, das Oma nicht so schnell ausfindig machen kann. Unter ihrem Bett vielleicht? Darauf kommt sie garantiert nicht.

Die Vögel in unserem Garten lassen sich ganz schön verwöhnen. Warten geradezu darauf, dass man ihnen

Futter hinstellt und nur, damit man sie ungestört beobachten kann. Geradezu rührend, wie sie im Frühjahr emsig in den Beeten picken, um dann mit einem Grashalm, einem Blatt oder Moos in die Hecke zu fliegen und ihr Nest zu bauen.

Wenn ihre Brut dann aus dem Ei geschlüpft ist, sind sie emsig bemüht, Würmer, Insekten, Larven oder Beeren aufzupicken, um damit flugs in der Hecke zu verschwinden.

Zu gerne würde ich ja mal nachsehen, wo sie abgeblieben sind, doch man lässt mich nicht.

Und was bildet das Amselpärchen, das sich schon seit vielen Jahren bei uns eingemietet hat, denn eigentlich ein. Führt sich so dominant auf, als habe es hier das Sagen. Stolziert auf dem Rasen umher und schaut mich frech an, so als würde ich sie bei ihrer Futtersuche belästigen. Wer hat denn hier die älteren Rechte?

Auch der Buntspecht nervt. Trommelt auf den Ästen der Bäume herum und lässt sich nicht stören. Schätze mal, der hackt dort gar nicht nach Würmern, sondern macht nur so einen Krach, um auf sich aufmerksam zu machen. Er bildet sich wohl ein, hier im Alstertal der Schönste zu sein.

Von dem Maulwurf und den Wühlmäusen, die sich ebenfalls für unseren Garten entschieden haben, scheint Oma nicht gerade begeistert zu sein. Sie ist schier ratlos, wie schnell die sich durch den Rasen buddeln, indem sie einen beachtlichen Sandberg aufwerfen und rasant wieder verschwunden sind. Was soll das? Wie bringt man diesen Tieren bei, dass wir sie nicht wollen?

Und von Mäusen hält Oma schon gar nichts, auch wenn Opa meint, das seien doch sehr possierliche Tierchen. Oma will die nicht.

Ziemlich dreist, dass sich neuerdings sogar Wildschweine in die Stadt wagen. Wenn die sich erst durch den Zaun gebuddelt haben, ist der Garten durchwühlt. Blumen sind dann unweigerlich verschwunden und zurück bleibt eine hässliche Kuhle – eine Sauerei ist das.

Meine Beobachtungsgabe ist also gefragt. Muss nun täglich am Zaun entlanglaufen und kontrollieren, ob da nicht einer heimlich wühlt. Ich bin mir allerdings nicht sicher, ob ich mich trauen sollte, sie anzugreifen, denn wenn so ein wild gewordener Keiler auf einen losrennt, hat man das Nachsehen. Kann also nur hoffen, dass sie unser Grundstück meiden. Dann lieber Wühlmäuse.

Ich bin schon groß. Seh ja an meinen Freunden, dass es viele Hunde gibt, die bedeutend kleiner sind als ich. Wenn ich mit Oma spazieren gehe, hab ich mir vorgenommen, vermehrt auf Oma achtzugeben. Da passieren schon die seltsamsten Dinge.

Neulich hat sie - nachdem wir schon lange unterwegs waren - festgestellt, dass sie gar keine Leine mitgenommen hatte. Mir doch egal, mag die Leine ja sowieso nicht, doch als dann eine wohlriechende

Schönheit kam und ich an die Leine musste, war Oma angeschmiert.

Ich hatte natürlich sofort begriffen, dass Oma entsetzt war, doch das war dann nicht mein Problem. Bin lange hinter der Hundedame hergelaufen und hab an ihr gerochen.

Gestern ist nun schon wieder was passiert. Oma hatte doch tatsächlich die Leckerli vergessen. Das geht nun gar nicht. Ohne Leckerli brauchen wir gar nicht erst loszugehen, das wär ja gerade so, als würde Oma mit leerem Magen aus dem Haus gehen. Nicht auszudenken, was alles passieren könnte und was mach ich, wenn sie vor Hunger in Ohnmacht fällt?

Nein, auf Oma muss ich zukünftig aufpassen. Irgendwann geht sie noch alleine los und vergisst mich mitzunehmen.

Wenn Oma erschöpft ist, setzt sie sich auf eine Bank und erst nachdem ich sie mehrmals mit der Schnauze anstupse, kapiert sie, dass ich auch noch da bin.

Neuerdings hat sie sich einen Trick ausgedacht. Streichelt mich ganz lieb und singt mir ein Lied vor. Sie weiß natürlich, dass ich dann ganz still sitzen bleibe. Obwohl ihr Gesang ein bisschen schräg klingt, denkt sie wohl, für einen Hund reicht es allemal.

Als ich noch ganz klein war, wusste ich nicht, dass Menschen gerne singen. Auch meiner Hundemama war so etwas fremd. Und als mein Frauchen dann eines Tages anfing, mir was vorzusingen, hab ich den

Schwanz eingezogen und mich unter dem Tisch verkrochen, musste erst mal abwarten, was das zu bedeuten hatte.

Heute weiß ich, dass die Menschen das brauchen. Es beruhigt sie irgendwie und darum lasse ich das über mich ergehen. Und wenn man bedenkt, dass die Menschen viel friedlicher wären, wenn sie nur noch sängen, dann lass sie doch singen.

Wenn Oma Rad fährt, muss ich mit, ob ich will oder nicht. Manchmal will ich nicht, doch ich muss – werde fremdbestimmt – wieder und immer wieder. Was die Menschen für sich einfordern, gilt für unsereins noch lange nicht.

Ich kann auch partout nicht begreifen, warum Oma sich nicht die Zeit nimmt, an jedem Grashalm zu schnuppern, jedes Blatt des Baumes zu bestaunen oder das Wolkenspiel zu beobachten. Stattdessen radelt sie an diesen Schönheiten der Natur vorbei, um dann, endlich angekommen, umzudrehen und zurückzufahren.

Sie kann doch auch allein Rad fahren, warum muss ich denn unbedingt mit? Schätze mal, sie hat Angst, sich in dieser großen Stadt zu verirren, doch das würde sie niemals zugeben. Spielt sich als die große Wohltäterin auf, die ihre Zeit opfert, um mich auszuführen.

Dabei stecke ich voller Ideen, was ich in der Zeit, in der Oma in Hamburg herumradelt, anfangen könnte. Ich würde Hamburg erkunden, und zwar auf meine Weise. Würde mich in ein Lokal reinschmuggeln und die Kellnerin so lange lieb ansehen, bis sie denkt, ich sei fast verhungert und mich mit Leckereien vollstopft.

Zu gerne würde ich auch schwimmen gehen. Würde so weit schwimmen, bis die Alster in die Elbe fließt und dort könnte ich die großen Schiffe sehen, könnte Kaninchen und Schafe jagen, ohne ständig ermahnt zu werden.

Und dann frage ich mich, wann wir endlich aus dieser Stadt wegziehen, in der es Glascontainer gibt. Dieser Krach, den die da veranstalten, wenn das Lastauto kommt und die Arbeiter den Container entleeren, ist nicht auszuhalten.

Wenn es so laut zu scheppern beginnt, laufe ich weg. Das halten meine Nerven nicht aus. Und dann ruft Oma so laut nach mir, dass es mir schon wieder peinlich ist. Das verwirrt mich total. Was sollen die Hundefreunde denn von mir denken? Ich bin schließlich alt genug, um auch schon mal allein spazieren zu gehen.

Doch sie schreit geradezu hysterisch, sodass andere „Hallo" mich bereits angesprochen und nach Hause geschickt haben, obwohl ich das gar nicht wollte. Man zwingt mich geradezu, nach Hause zu gehen.

Sie soll endlich merken, dass ich mich weigere, weiterhin dort zu wohnen, wo es Glascontainer gibt. Es wird doch wohl noch Städte gegen, die ohne so eine Krachmaschine auskommen.

Wenn Oma mit mir Geschäfte angucken geht, bleibt sie ständig stehen und guckt. Was kann nur interessant daran sein, stundenlang die Scheibe anzustarren? Mit ihr stimmt da was nicht, doch bellen darf ich dann auch nicht. Ich glaube, sie schämt sich selbst, kann einfach nicht zugeben, dass das voll blöd ist.

Wenn wir einkaufen gehen, werde ich vor dem Geschäft angeleint und muss unendlich lange warten. Andere Hunde sehen mich schon ganz verächtlich an, weil ich hier festsitze, sie aber stolz an mir vorbeimarschieren.

Meine Güte dauerte das lange. Natürlich hat sie wieder vergessen, dass wir noch Fleisch für mich kaufen müssen. Es ist schon ein Kreuz mit Oma. Ich weiß schon gar nicht mehr, was ich noch anstellen soll, damit sie sich erinnert. Wie bringt man Omas auf Trab?

Eben ging ein Hundefreund vorbei, der sah wohlgenährt aus. Richtig fett – der Glückliche. Oma sollte sich doch endlich erinnern, dass heute Markttag ist. Ganz vorne steht der Wagen mit dem Hundefleisch und wartet auf uns. Ist auch nicht anständig, den Mann da so lange warten zu lassen. Und man muss ja auch daran denken, dass er etwas verkaufen möchte, denn wenn kein Kunde kommt, verhungert er und dann gibt's gar kein Hundefleisch mehr.

Jetzt endlich schlägt Oma die Richtung zum Markt ein. Ist wohl doch noch nicht so vertrottelt, wie ich befürchtete. Jetzt noch um die Ecke biegen und dann … Mein Herz schlägt schon ganz doll –

bin furchtbar aufgeregt. Wenn sie sich nur nicht verläuft.

Was ist denn jetzt passiert? Warum bleibt sie denn nun schon wieder stehen und dann muss ich auch noch Sitz machen? Ach so, die Ampel zeigt rot. Und das soll der Grund sein, um hier lange rumzustehen? Kommt doch gar kein Auto und ich frage mich, warum man dann an jeder Ampel stehenbleiben und Sitz machen muss. Machen andere doch auch nicht.

Na ja, Omas sind eben sehr vorsichtig, wollen wohl ganz alt werden und dürfen nicht hinfallen.

Nun aber los. Ich muss nur tüchtig an der Leine ziehen, damit sie weiß, wo's langgeht. Mein Herz schlägt immer noch ganz stark und nun sehe ich auch schon andere Frauchen an dem Verkaufswagen stehen. Ganz bestimmt kaufen die alles Fleisch auf und bis wir da sind, ist nichts mehr übrig.

Jetzt hat Oma auch noch eine Freundin getroffen, bleibt stehen und quatscht mit der. Soll sie mich doch mal ansehen, mir tropft schon der Speichel aus den Lefzen, kann das Fleisch riechen und wir stehen hier und quatschen übers Wetter. Wen interessiert denn schon das Wetter?

Der Mann aus dem Verkaufswagen guckt schon zu uns rüber und nun hat Oma endlich begriffen, dass der schon den ganzen Morgen auf uns wartet. Ich weiß genau, wenn ich ihn mit meinen braunen Augen so lieb ansehe, dann gibt's ein Leckerli. Ist schwer in Ordnung der Mann.

Und ganz nebenbei schiele ich zu dem Fischmann nebenan. In einem Bassin schwimmen die Karpfen

und neulich ist mal einer rausgehüpft. Der Fischmann war sofort zur Stelle und hat ihn mit einem
Kescher schnell wieder eingefangen. Ich hab nur
blöd geguckt. Hab überhaupt nicht begriffen, was da
passiert ist.

Wer konnte auch damit rechnen, dass hier Fische
rumfliegen, doch wenn mal wieder einer rausspringt,
bin ich sofort zur Stelle.

Hundefreunde

Ich habe ganz viele Hundefreunde. Das muss so sein, denn wer nicht dein Freund ist, ist dein Feind.

Da ich meistens ohne Leine laufen darf, geh ich zunächst auf einen anderen zu, muss mich ja informieren, was hier so rumläuft. Dann rieche ist sofort, ob er mein Freund oder Feind ist.

Gefällt er mir, spiele ich mit ihm.

Manchmal gibt es allerdings auch Auseinandersetzungen. Denn mein Ball gehört mir, das muss zunächst geklärt werden. Wenn er sonst auch mein Freund ist, doch beim Ballspiel kenn ich keinen Spaß und da gibt's schon mal 'ne Rangelei.

Wenn ich ins Wasser springe, schwimme ich mit meinen Freunden um die Wette. Manche Freunde lieben auch das Stöckchen holen – ist aber nicht mein Ding. Für so einen blöden Stock mach ich mich nicht nass. Und wenn ein Hund den Stock die ganze Zeit mit sich rumschleppt, dann weiß ich sofort, das ist einer, der ein sehr armes Frauchen hat. Die haben in ihrer Hütte nämlich keine Heizung und er muss Holz sammeln.

Da hab ich mit meinem Frauchen schon das große Los gezogen, denn bei uns ist es immer kuschelig warm. Ich jedenfalls hätte nicht die geringste Lust, auch noch dafür zu sorgen. Das kann man nicht auch noch von mir verlangen.

Mit dem Hund unserer Nachbarn gab's allerdings schon mal Stress. Es fing damit an, dass Oma ihm ein Leckerli gegeben hat. Mein Leckerli wohlgemerkt. Und dann dachte ich sofort: wehret den Anfängen. Wo kommen wir denn hin, wenn wir nun auch noch die Hunde der Nachbarn durchfüttern. Das dulde ich nicht.

Ich bin sofort auf den los, habe ihn gebissen und nur Oma hab ich erlaubt, mich am Halsband wegzuziehen, obwohl das nicht ganz fair war. Warum macht sie das? Ich hab doch nur unser Leckerli verteidigt.

Und obwohl der Schisser schon als junger Hund größer war als ich, hat er sich hingelegt und sich ergeben. Da war ich richtig stolz auf mich. Hab mit gefletschten Zähnen vor ihm gestanden und er hat sich nicht getraut aufzustehen. Blieb einfach dort liegen und hat gewinselt.

Wenn wir uns jetzt begegnen, gibt sein Frauchen mir immer ein Leckerli und dann kann ich nicht widerstehen. Nur weiß ich nicht, wie er das findet, denn er könnte erkannt haben, dass er inzwischen erwachsen und viel stärker ist als ich. Dann hätte ich allerdings schlechte Karten.

Manche Hundefreunde tun sich allerdings wichtig, weil sie größer sind und verdächtig knurren, wenn man sich ihnen nähert.

Kommt allerdings ein Hundefreund auf mich zugerannt und begrüßt mich, darf er natürlich auch von meinen Leckerli kosten. Das hab ich erlaubt und das ist schon was Besonderes, denn wer bedenkt, wie kurz ich gehalten werde, der weiß, was echte Freundschaft ist.

Ansonsten pass ich natürlich höllisch auf. Wo kämen wir denn hin, wenn jeder hergelaufene Hund meine Leckerli bekäme. Greift Oma in die Tasche und ein Freund nähert sich ihr, bin ich sofort zur Stelle und knurre den an. Ich weiß doch, der will nur abstauben. Kommt gar nicht in Frage. Ich muss schließlich auch an mich denken.

Oft wollen die Freunde auch nur Ball spielen, doch das geht nun gar nicht. Ich muss doch am Wegesrand schnuppern, muss wissen, was los ist auf der Piste und meine Duftmarke hinterlassen. Könnte ja sein, dass gerade heute so eine wohlriechende Hundedame unterwegs ist und dann darf man sich nicht ablenken lassen. Volle Konzentration ist dann angesagt.

Leider begegne ich immer wieder Hundedamen, die mich mögen, ich sie aber nicht. Was soll man da machen? Ich ignoriere sie einfach, verstecke mich hinter einem Baum und wenn sie mir zu nahe kommen, schnappe ich nach ihnen. Die sind hartnäckig, kapieren einfach nicht, dass ich mir die Freunde bitteschön selbst aussuchen möchte.

Neulich haben sich zwei Hundefreunde richtig gezofft. Die haben sich geradezu festgebissen. So gewaltig, dass ihre Herrchen dazwischen gegangen sind. Da wurde es erst richtig spannend. Ich dachte schon, jetzt beißen die sich auch noch, doch dann haben sie nur die Zähne gefletscht und so laut geschrien, dass ich vor Schreck weglaufen musste.

Ich weiß genau, welcher Hund mir wohl gesonnen ist und wer mich nicht riechen kann. Da gibt's einen: Oh je, wenn ich den schon von weitem seh, zieh ich den Schwanz ein, geh auf die andere Seite und tu so, als würde ich ihn gar nicht erkennen.

Dennoch schiele ich zu ihm rüber. Muss doch registrieren, wie er sich verhält.

In letzter Zeit ging das auch gut, obwohl ich aus verständlichem Grund sehr genau beobachte, ob er mich wahrgenommen hat. Er sieht mich, geht langsam an mir vorbei und doch lässt er mich nicht aus den Augen. Scheint schon etwas merkwürdig auszusehen diese Begegnung. Die anderen Hundefreunde wundern sich schon. Die wissen ja nicht, was der mir angetan hat.

Ich muss auch höllisch aufpassen, dass sein Herrchen in der Nähe ist, denn auf den kann man zählen. Der ist schwer in Ordnung. Was bildet dieser blöde Hund sich eigentlich ein, geht hier mit Drohgebärde an mir vorbei und signalisiert mir: Achtung, gleich geht's los. Dem ist alles zuzutrauen.

Er weiß allerdings, was sein Herrchen dann macht. Obwohl er ein starker Schäferhund ist, hat er vor dem nämlich richtig Schiss.

Wie neulich. Ich wusste genau, wenn sein Herrchen nicht sofort eingreift, ist es aus mit mir. Er hatte wohl einen schlechten Tag, dieser Grobian.

Zunächst wahrte ich eine gewisse Distanz. Blitzschnell ahnte ich, dass hier Gefahr drohte. Jeden

Moment konnte er auf mich losstürzen und mich zerfleischen und doch musste ich mich ihm nähern, durfte keine Schwäche zeigen. Ich schielte zunächst nach rechts, dann nach links und überlegte krampfhaft, ob es nicht klüger sei, sich seitwärts in die Büsche zu schlagen.

Gerade dachte ich noch, die Gefahr sei vorüber, als er langsam auf mich zukam. Er verharrte kurz und gerade, als ich mich an ihm vorbeischieben wollte, knurrte er verdächtig und schon war die Beißerei in vollem Gange. Diese wütende, rasende Bestie hatte mich erwischt. Ich musste fürchterlich schreien, musste doch allen signalisieren, dass es hier um Leben und Tod ging.

Von Oma hatte ich keine Unterstützung, die schrie ebenfalls. Hatte wohl selbst Angst vor diesem Wüterich. Erst sein Herrchen – wie erwähnt, mutig und stark – griff ein, packte ihn am Halsband und riss ihn energisch weg.

Was hatte ich dem denn getan, dass er derart in Rage geriet? Ich weiß es einfach nicht. Vermute mal, zu sehr an einer Hundedame geschnuppert, für die auch er brennend Interesse zeigte, doch darf man gleich so weit gehen und einen Konkurrenten zerfleischen?

Ich hab einen Hundefreund, der sich nicht erinnern kann, warum er in ein Tierheim eingeliefert wurde. Er hat mir versichert, nichts Böses angestellt zu haben. Er kommt aus einem fremden Land und ich vermute, dass sein Frauchen ihn in ein Heim geben musste, weil sie krank geworden ist und darum hat er beschlossen auszuwandern.

Als er über die Grenze kam, hat man ihn gleich wieder in ein Heim gesteckt. Hier wollten sie ihn nicht, weil er ein Ausländer war. Vielleicht dachten sie auch, er spioniert etwas aus und verrät das dem Feind.

Merkwürdig, ich jedenfalls glaube nicht, dass Hunde so etwas machen. So eine Gemeinheit kennt man doch nur von Menschen. Mein Freund versteht das auch alles nicht, weiß nur, dass sein Frauchen ihn in diesem Heim besucht hat, in dem er mit vielen anderen hinter einem Gitter eingesperrt war. Vor seinem Verschlag hatte man ein Schild angebracht, auf dem stand, wie er heißt und woher er kommt. Unmöglich! Wo bleibt denn da der Datenschutz?

Zwar gab's in dem Heim genug zu fressen, herumlaufen und spielen durfte er auch, aber niemand hat ihn gekrault oder auf den Schoß genommen. Er fühlte sich sehr einsam und verlassen, sodass er eigentlich nichts mehr sehen wollte und immerzu geschlafen hat.

Und als sein Frauchen endlich kam, ihn lieb angesprochen hat und mit ihm spazieren gegangen ist, da war er so glücklich, dass er sie immer nur angucken musste. Und von dem Tag an ist er nicht mehr von ihrer Seite gewichen. Hat ihr auch gebellt, dass er sie niemals beißen würde.

Wenn sie ihn dann doch mal allein lässt, ist er ganz traurig und verkriecht sich unter dem Bett, weil er Angst hat, sie könnte ihn vergessen haben und dann müsste er wieder in dieses Heim.

Ich kann bis heute nicht verstehen, warum man so ein liebes Kerlchen eingesperrt hat.

Mein Freund hat mir nie anvertraut, wie das da in dem fremden Land ausgesehen hat. Möglich auch, dass das ein großes Geheimnis ist und er nicht darüber bellen darf.

Denn wenn es stimmt, was man so hört, dann gibt es in den großen Wäldern in Ungarn auch noch Wölfe. Sind zwar unsere Vorfahren, doch das kann mein Freund auch vergessen haben. Und mit den Wölfen zu leben, ist ja nicht gerade das, was unsereins sich so vorstellt. Die sind zwar immer draußen und genießen ihre Freiheit und wenn sie einer Wölfin begegnen, die ihnen gefällt, hält sie niemand zurück. Sitz müssen die auch nie machen, haben schließlich ihren Stolz.

Nur hat das Leben in der Freiheit auch gewaltige Nachteile. Man ist nämlich Selbstversorger. Niemand schafft das tägliche Fressen heran. Die Wölfe müssen es sich mühselig suchen und wenn es im Winter richtig kalt ist, bleibt ihnen gar nichts anderes übrig, als sich einem Bauernhaus zu nähern und ein Huhn oder gar ein Schaf zu reißen. Und wenn der Wolf Pech hat, dann schießen die Bauern auch auf ihn. Na, und so eine Knallerei kann ein Hund nun gar nicht leiden.

Ich soll eine Hundedame decken! Wie komm ich dazu. Das muss ich mir doch noch schwer überlegen.

Nachdem ich nun jahrelang mit unermüdlicher Ausdauer und trotz gewaltiger Beschimpfungen hinter den wohlriechenden Hundedamen herhechele, soll es plötzlich erlaubt sein? Ich versteh das nicht.

Und außerdem hab ich an der bewussten Hundedame geschnuppert. Die hat mich jedoch nicht sonderlich interessiert. Mein Frauchen weiß doch, dass ich nur Gefallen an einer Hundedame finde, wenn sie besonders gut riecht. Ansonsten geht da gar nichts.

Erstmal abwarten, vielleicht haben die das irgendwann ja wieder vergessen und ich darf mir die Hundedame aussuchen, die mir gefällt. Hätte da schon eine im Auge.

Dennoch habe ich da so meine Bedenken. Hab ja immer wieder beobachtet, dass Frauchen geradezu in Verzückung gerät, wenn sie so ein Hundebaby streichelt. So süß sind die Babys ja nun auch wieder nicht und eigentlich finde ich es hundsgemein, dass Frauchen mich in deren Gegenwart kaum noch beachtet. Zwar spiele ich auch gern mit ihnen, jedoch nur, weil sie so angenehm riechen. Wenn es denn nur immer so bliebe. Ich weiß doch, wie so was abläuft.

Hat man diese Hundebabys länger nicht gesehen, meint man, sie nicht wiederzuerkennen. Kaum zu glauben, wie schnell die groß geworden sind. Das ehemals weiche, wuschelige Fell ist jetzt strubbelig oder gar borstig. Die süßen tapsigen Bewegungen gibt's nicht mehr. Und diesen Babygeruch, der mich so berauschte, den haben die dann auch nicht mehr. Im Gegenteil, die scheinen mich auch nicht mehr zu kennen und knurren manchmal so ungehalten, dass ich mich schnell entferne. Will mich doch nicht mit so einem verzogenen Hund anlegen.

Urlaub

Urlaub ist voll blöd. So etwas können sich auch nur Frauchen und Herrchen ausdenken.

Für Urlaub wurde ich in eine Kiste gesperrt und obwohl sie mir irgendwelche bitteren Pillen aufgezwungen haben, habe ich sofort gemerkt, dass sie mich abschieben wollten.

Ich hab es kaum ausgehalten in dieser schrecklichen Kiste, die von fremden Männern in einen stockdunklen Raum geschoben wurde, und dann dieser entsetzliche Lärm. Nicht auszuhalten.

Und dabei weiß mein Frauchen ganz genau, dass ich sehr lärmempfindlich bin. Ich glaube, in diesem Raum ist dann etwas explodiert und die haben mich hochgehen lassen. Niemanden hat es interessiert, dass ich Höllenqualen ausgestanden habe. Ich hab furchtbar gezittert und dachte schon, jetzt leb ich nicht mehr, doch dann hat irgendjemand Mitleid mit mir gehabt, die Kiste aus dieser Höllenmaschine rausgeholt und sie Frauchen und Herrchen übergeben.

Die taten auch noch so, als würden sie sich freuen, mich wiederzuhaben. Das hab ich den beiden aber nicht abgenommen, war beleidigt und wollte keinen mehr sehen. Hatte genug von den hinterhältigen Menschen. Ich hab auch nichts mehr gefressen, denn wenn man ohnehin fast tot ist, dann muss man auch nicht mehr fressen.

Nach ein paar Tagen hatte ich mich allerdings ausgeruht und dann war ich im Paradies. Fast immer waren wir draußen, sind durch die Kiefernwälder gewandert, ich durfte im großen Wasser baden und dann haben wir Stöckchen ins Wasser werfen gespielt.

Auch die Nachbarn hatten einen Hund, mit dem ich spielen konnte – wunderbar dieses Leben. Es war warm, traumhaft warm, wir sind oft essen gegangen und ich durfte natürlich immer dabei sein. Ist doch klar, sie hatten ein schlechtes Gewissen.

Ich dachte wirklich, so bleibt es nun für immer. Frauchen und Herrchen wollen alles wieder gutmachen, was sie mir angetan haben, konnte doch nicht ahnen, dass ich ohne Ankündigung wieder in diese verdammte Kiste gesteckt wurde. Wieder diese Qualen, wieder dieser unsägliche Krach und diese fremden Menschen. Nie wieder geh ich in diese Kiste, nie wieder.

Seit Frauchen gehört hat, dass Hamburg an der Elbe liegt, müssen wir auch nicht mehr nach Mallorca fahren. Schon wenn wir uns dem Deich nähern, werde ich ganz nervös. Diese Gerüche – berauschend. Sie steigen mir aus allen Richtungen in die Nase und dann sehe ich sie: Kühe, Schafe und zwischendurch auch noch ein Häschen.

Ich habe allerdings noch nicht begriffen, warum es verboten ist, die Schafe zu jagen. Stehen da blöd rum und fressen unaufhörlich, als wenn's nichts Wichtigeres gäbe, als ununterbrochen zu fressen. Sie schauen mich frech, ja geradezu herausfordernd an, weil sie sofort gecheckt haben, dass ich an der kurzen Leine gehalten werde, sie jedoch frei herumlaufen dürfen.

Ich vermute, die Schafe würden es toll finden, auch mal aufgescheucht zu werden. Besonders die Lämmer, die ich so herzzerreißend blöken höre, melden sich doch nur, weil es ihnen zu langweilig ist.

Wer will denn auch stundenlang neben seinem Muttertier stehen und grasen.

Ich seh' doch, dass sich hin und wieder eines von der Mutter entfernt und in die andere Richtung hüpft. Die sind doch jung, wollen spielen, wollen sich austoben, wollen was erleben. Wann begreift mein Frauchen das endlich und lässt mich los. Ich würde so gern. Würde mit ihnen über den Deich laufen, so dass es eine wahre Freude wäre – eine Freude für mich und eine Freude für die Lämmer.

Die Welt ist ungerecht. Hier sehe ich Schafe zu Hunderten oder mehr und alle lassen ihre Ködel fallen - wo sie gehen und stehen. Niemand schert sich drum, scheint das Normalste auf der Welt zu sein, doch wenn ich mein Geschäft mache, läuft Frauchen gleich mit ihrer albernen Tüte hinter mir her und sammelt es ein. Warum diese Unterschiede? Warum düngen deren Ködel den Rasen, die der Hunde aber nicht? Versteh einer das Verhalten der Menschen.

Wenn Frauchen das Gatter hinter dem Deich geschlossen hat, gehen wir auf einem Trampelpfad durch die Büsche und schon sind wir am Wasser. Herrlich der weiße Sand, in dem ich nach Herzenslust buddeln kann. Frauchen und Papa sind leider ziemlich faul, legen sich in den Sand und gucken in die Luft oder schlafen. Die scheinen ganz vergessen zu haben, dass sie einen Hund haben, der spielen möchte.

Wenn ich mich langweile, suche ich ein Stöckchen und lege es ihnen vor die Füße. Damit sie endlich die

Augen aufmachen, muss ich wimmern und wenn das immer noch nicht reicht, laufe ich einfach weg.

Mal gucken, was die Leute da nebenan auf der Decke so machen und ob die Lust haben, Stöckchen zu werfen. Die liegen da reihenweise im Sand und ich hab sofort erkannt: Die sind hier alle ohnmächtig geworden. Womöglich war der Hundedoktor hier und hat denen auch so was gegeben wie mir damals auf der Fahrt in den Urlaub.

Ich bin da hin und hab an ihnen geschnüffelt. Man muss ja helfen, wenn einer umkippt. Wer konnte denn ahnen, dass die sich nur tot stellten? Plötzlich schlägt der Typ die Augen auf und jagt mich davon. Böse ist das.

Und dass ich das Würstchen mitgenommen habe, das da auf der Decke lag, war überhaupt nicht schlimm. Wer Lebensmittel auf die Erde legt, muss sich nicht aufregen, wenn die einer mitnimmt. Ich glaube, da dürfen wir uns nicht mehr sehen lassen.

Und Möwen jagen ist überhaupt ganz toll. Ich hab den Trick noch nicht so raus, denn wenn sie im Wasser sind, ich einen Anlauf nehme und gerade zuschlagen will, fliegen sie schnell davon. Irgendwann schnapp ich mir mal eine. Muss mich nur vorsichtig ranschleichen.

Wann wird Frauchen endlich wach und geht mit mir baden? In der Elbe zu baden ist überhaupt das Schönste, was es auf der Welt gibt. Genauso aufregend, wie Ostseebaden oder noch aufregender, weil man nicht nur viele Segelboote sieht, sondern hier auch große Schiffe vorbeikommen. Das scheint Papa ja nun besonders zu begeistern, noch mehr als mit mir Ball zu spielen.

Ist zugegebenermaßen ja auch bemerkenswert, wie die großen Pötte langsam, geradezu majestätisch an uns vorbeigleiten und nicht umkippen. Nicht einmal bei aufkommendem Wind lassen die sich von ihrer Route abbringen, schwimmen wie eine Ente. Dann werden die Schiffe kleiner und kleiner und irgendwann sind sie nicht mehr zu sehen – irgendwie verschwunden.

Und wenn dann die Wellen ans Ufer schwappen, springe ins Wasser und schnappe nach ihnen.

Es bleibt auch nicht aus, dass ich zu viel Wasser schlucke, mich übergeben und unentwegt das Bein heben muss. Mein Bauch ist dann ganz voll Wasser. Aber Spaß macht's trotzdem. Ich bin zwar kein Pudel, aber pudelnass, geh dann ganz nah an Frauchen und Papa ran und schüttle mich, sodass das Wasser aus meinem durchnässten Fell spritzt.

Ich glaube, sie finden das ganz wunderbar, denn auf diese Weise bekommen sie auch ein wenig kühle Erfrischung, die ihnen so gut tut.

Auf einem Sonntagsausflug gingen wir auf einer großen Wiese spazieren. Es roch so berauschend nach Heu und nach Tieren, deren Geruch ich nicht einordnen konnte. Gerade wollte ich ansetzen und einem Kaninchen hinterherlaufen, als Frauchen mich energisch zurückpfiff und anleinte.

Zunächst dachte ich, dass die mit mir spielen wollten, doch diese Schisshasen haben sich einfach in ein

Loch verkrochen. Frauchen hatte sofort erkannt, dass das Loch viel zu klein für mich war.

Auch wüsste ich gern, was das für eine Rasse war, die dann auf uns zugetrabt kam. Wollten die nun mit mir spielen oder hatten die auch Angst vor mir?

Als die großen Tiere dann ganz nah an den Zaun kamen, hab ich doch einen Schreck gekriegt. Hab mich ganz ruhig verhalten, hab nur gestaunt, so groß waren die. Zehnmal oder hundertmal größer als ich. So genau kann man das nicht sagen. Als die aber nur stumm dastanden und mich blöd anguckten, habe ich laut gebellt. Musste mir selbst Mut machen und auch, um ihnen zu signalisieren, dass ich mich nicht so einfach fressen lass.

Ich glaube, Frauchen hatte auch Angst, denn sie zog mich ganz fest an der Leine mit sich fort. Und dann kamen diese Tiere an uns vorbei und auf deren Rücken saßen doch tatsächlich Menschen. Ich dachte, mich tritt ein Pferd. So groß und keinen Schneid. Lassen sich gefallen, dass sich jemand auf ihren Rücken setzt und sich tragen lässt. Ich jedenfalls würde es mir gehörig verbieten, wenn Frauchen sich auf meinen Rücken setzen würde.

Hundeträume

Ich träume davon, irgendwann auszuwandern. Ins Käseland – ist doch klar. Nur weiß ich nicht genau, wie man da hinkommt. Zwar bin ich ein Käseländer, doch als ich damals über die Grenze geschleppt wurde, hatte ich große Angst und war so traurig, dass ich mir den Weg nicht einprägen konnte. Ich weiß nur, dass wir stundenlang mit dem Auto gefahren sind.

Heute würde ich strategischer vorgehen. Hab von Frauchen gehört, dass Hänsel und Gretel Erbsen ausgelegt haben, um wieder nach Hause zu finden. Hätte das ja auch machen können. Doch damals wusste ich das noch nicht, war noch zu klein und wer hat schon ständig Erbsen dabei. Die Fehler, die man als junges Tier macht, sind kaum noch auszubügeln.

Und außerdem wäre mein Frauchen sicherlich auch sehr traurig, wenn ich auswandern würde. Sie braucht mich. Ich muss schließlich auf sie aufpassen, wenn sie spätabends um den Block geht. Hab allerdings nie begriffen, warum man so spät am Abend noch mal raus muss. Bin dann eigentlich auch viel zu müde, doch sie zwingt mich.

Wenn Frauchen traurig ist, braucht sie mich auch. Dann drückt sie mich ganz fest und obwohl ich das eigentlich nicht so mag, lass ich es über mich ergehen.

Und Oma nicht zu vergessen. Sie zu verlassen, das könnte ich ihr nicht antun. Wer geht dann mit Oma bei Wind und Wetter spazieren. In ihrem Alter braucht sie Bewegung. Man hat ja schließlich ein Hundeherz für Menschen und darum verzichte ich auf mein Käseland. Doch träumen wird man ja wohl dürfen.

Und dann träume ich davon, so schnell laufen zu können wie diese kleinen braunen Tierchen, die ich immer vom Fenster aus beobachte. Ich bin mir allerdings nicht sicher, ob ich jemals diese Geschwindigkeit erreichen werde.

Hab das doch schon so oft probiert. Bin gesprintet und hab sie gejagt, doch sie sind so behände den Baum hoch gelaufen, dass ich staunend davor stand. Das imponiert mir einfach, wie sie von Ast zu Ast springen und nicht runterfallen.

Und dann kommt Oma mit ihrem klugen Spruch: „Keiner kann alles, doch jeder kann etwas." Was hab ich davon. Möchte einfach zu gern auf den Baum hüpfen wie diese Eichhörnchen.

Einmal war ich schon ganz nah dran. Bin hinter dem Eichhörnchen her, den Baum hoch und von Ast zu Ast gesprungen. Unglaublich, dieses Gefühl, so schwerelos durch die Luft zu springen. Ich saß hoch oben im Eichenbaum und hab Oma und Opa in der Küche beim Essen zugeschaut. Die haben es nicht einmal bemerkt.

Irgendwann wurde mir das jedoch zu langweilig und ich bin von Baum zu Baum bis zum nächsten Haus gesprungen. Dort stand ein Mann an der Tür, hat sich eine Zigarette angezündet, sich zu seiner

Frau umgesehen und so fürchterlich geschrien, dass ich vor Schreck aufgewacht bin.

Im Schlaf winsele ich manchmal, sagt Frauchen. Ich weiß auch nicht, was da in mir vorgeht. Irgendetwas muss mich dermaßen erregt haben, dass es mich noch im Schlaf beschäftigt. Nicht zu fassen, was ich da wieder erlebt habe.

Wo war das Kaninchen denn so schnell hingelaufen? Eben noch hoppelte es doch hier herum. Vor meiner Nase verschwunden. Vielleicht in dieses Loch?

Ich musste das erkunden, musste wissen, was hier vor sich ging – so unmittelbar vor meiner Nase. Wenn ich ein wenig Sand wegschaufeln und mich ganz dünn machen würde, müsste ich in dieses Loch passen. Jetzt konnte ich es riechen. Ich wusste es, hier unten müsste sich das Hundeparadies befinden. Diese Gerüche – ich war total im Rausch. Ich musste da rein, arbeitete unermüdlich, nur noch ein wenig Sand ausbuddeln und dann zwängte ich mich ins Loch.

War ich überrascht. Damit hatte ich nun wirklich nicht gerechnet, hatte mich doch auf einen Bau voller Leckerli gefreut, doch hier unten kauerte ein Kaninchen und schaute mich ängstlich an, so als hätte ich jemals einem Kaninchen etwas zuleide getan. Ich doch nicht. Bin doch kein Unhold. Ist zwar verlockend, wenn sie vor mir davonrennen, doch auffressen? Nein! So was mach nicht.

Dieses vertraute Bild rührte mich. Eine Kaninchenmutter mit ihrer Kinderschar. Viele kleine Kaninchen kauerten sich um das Muttertier. Hatte die Alte mich jetzt etwa freundlich angeschaut, mich zu sich gebeten? Warum auch nicht.

Diese Familie da in trauter Runde, das kannte ich aus meiner Kinderstube. War ich glücklich damals, mich mit meinen Geschwistern an Mamas Zitzen zu laben. Zwar gab's auch schon mal Streit, wenn wir alle gleichzeitig trinken wollten, doch am Ende war's nur eine Rangelei. Wir hatten doch Hunger. Und dann wurde ich schon mal wütend, man musste eben aufpassen. Wo kommt man denn hin, wenn man die anderen vorlässt. Ich konnte doch nicht zulassen, dass meine Geschwister dick und fett werden und ich nichts abbekomme. Auch ich wollte groß und kräftig werden, um mich mit ihnen messen zu können.

Noch immer starrte das Kaninchen mich so ängstlich an, als hätte ich es bedroht. Ich hatte doch gar nichts gemacht, es nur angeschaut und dann kramte es eine Wurzel hervor und hielt sie zwischen die Pfoten. Wollte das Kaninchen mir etwas abgeben, mit mir teilen? Das war ja unglaublich, und nun schämte ich mich ganz schrecklich. War hier gewaltsam in den Bau eingedrungen, hatte es bei seiner Mahlzeit gestört und es bot mir eine Wurzel an. Das konnte ich doch nicht annehmen.

Eine Wurzel schmeckt gut und ist gesund, sagt Frauchen immer, wenn sie mir eine vom Markt mitbringt. Dann halte ich die Wurzel ebenso wie dieses Kaninchen zwischen meinen Pfoten fest und verspeise sie, obwohl mir ein Würstchen lieber wäre. Ich fresse die Wurzel ja auch nur, damit Frauchen zufrieden ist, doch für dieses Kaninchen schien die Wurzel eine Delikatesse zu sein.

Ganz langsam näherte ich mich seinen Jungen. Nur mal schnuppern. Die rochen so hinreißend, sodass ich mich kaum beherrschen konnte. Doch ich sah's dem Kaninchen an, es hatte Angst, zuckte zusammen und bebte am ganzen Leib. Warum denn, ich war doch ganz friedlich, dennoch schien das Kaninchen mir nicht zu trauen. Nun zitterten auch noch seine Pfötchen so heftig, dass ihm die Wurzel wegrutschte.

„Clooney, komm schon, wir wollen ausgehen", riss Frauchens Stimme mich aus meinem Traum.

Ich streckte mich genüsslich, gähnte noch einmal und war richtig froh, dass ich dem Kaninchen nichts zuleide getan hatte.

Wotersen

Neulich war ich in Wotersen. Das ist das schönste Dorf überhaupt – sagt Oma und sie muss das ja wissen. So alt wie sie ist, hat sie ganz bestimmt schon 1000 Dörfer gesehen.

Da gibt es ein Schloss und außerdem ganz viele Scheunen und eine Reithalle, in der eigentlich geritten werden sollte, doch ich hab da keine Pferde gesehen.

Die Reithalle wird jetzt für Konzertveranstaltungen genutzt. Hat man schon mal so was gehört, Musik in einer Reithalle? Weiß auch nicht, wer sich diesen Unsinn ausgedacht hat. Oma jedenfalls nicht, trotzdem findet sie das ganz wunderbar. Ich hab gehört, wie sie Frauchen erzählt hat, dass früher dort wirklich geritten wurde, als das Gut noch einem Grafen gehörte. Er hatte dort alte plüschige Kutschen abgestellt, die nur selten benutzt wurden. Oma erinnert das immer an ihre Kindheit und dann wird sie ganz melancholisch, wenn sie erzählt, dass sie als Kind in den Kutschen mit ihren Puppen gespielt hat.

Übrigens, was sind eigentlich Puppen? Hab so was noch nie gesehen. Auf jeden Fall ist das etwas, mit dem man spielen kann. Ich frage mich allerdings, ob man die auch fressen kann. Warum gibt man mir denn keine, nur damit man mal mitbellen kann, wenn Oma wieder von diesen Puppen anfängt.

Angeblich soll es da nicht nur Pferde, sondern auch Kühe, Schweine, Hühner, sogar Gänse und Hunde gegeben haben. Wo sind die denn alle geblieben? Wahrscheinlich alle ausgewandert – etwa ins Käseland? Man könnte schon neidisch werden.

Mich wundert das gar nicht, denn in der Scheune, in der früher Stroh gelagert wurde und es noch heute so angenehm riecht, sitzen die Menschen und essen. Als wenn's nichts Wichtigeres gäbe, als nur ans Essen zu denken.

Ich wäre auch dafür, dass man hier wieder wie früher ein Förderband aufstellt und das in Ballen gepresste Stroh auf dem Boden der Scheune lagert. Dann könnte der Gutsbesitzer sich auch wieder Tiere anschaffen und wie früher eine Treibjagd veranstalten.

Dazu versammelten die Jäger sich vor dem Schloss, das Halali wurde geblasen und die Treiber zogen in den Wald, gefolgt von den Jägern in ihrer schicken Reitkluft, und ohne die Hunde ging da gar nichts.

An so einer Treibjagd würde ich auch gern einmal teilnehmen, doch leider hat Oma keinen Jagdschein und reiten kann sie schon gar nicht.

Hier ist eigentlich immer was los. Total spannend, wenn in Wotersen ein Film gedreht wird. Leider hat man mir nicht Bescheid gesagt, als im Schloss der Film „Das Erbe der Guldenburgs" gedreht wurde, wäre doch sofort hingelaufen und hätte mitgespielt.

Jetzt höre ich, im Gasthof des Dorfes hat das Fernsehen einen Krimi gedreht. Zukünftig muss ich aufpassen. Wusste ja nicht, dass Wotersen so ein berühmtes Dorf ist und beim nächsten Dreh bin ich zur Stelle. Setz mich einfach vor die Kamera und schau da hinein. Und wenn der Regisseur dann hört, wie ich heiße und dass ich im Fernsehen schon mal meinen Auftritt hatte, werde ich garantiert engagiert.

Natürlich waren wir auch auf der Hundemesse. Zunächst dachte ich ja noch, hier stellen sich die schönsten und intelligentesten Hunde zur Schau und hatte da so meine Bedenken, mir das anzutun.

Am Ende kommt Frauchen noch auf die Idee und verlangt von mir, mich ebenso herauszuputzen, wie diese feinen Hunde, die man hin und wieder im Fernsehen sieht. Ihr wisst schon, so auf Mode getrimmt, mit Schleifchen im Haar und auch noch parfümiert.

War dann aber doch nicht so.

Hier liefen ganz normale Hunde an der Leine rum – Hunde so wie du und ich. In der Reithalle wurde der neueste Trend in Sachen Hundeausstattung, Spielsachen, Tierfutter und Schlafkomfort angeboten.

Wer will sich das stundenlang ansehen – ich jedenfalls nicht. Und wenn mein Blick in die Richtung einer Hundedame ging, wurde ich brutal an der Leine zurückgezogen. Hab dann auch ein bisschen gestreikt. Hab mich hingesetzt und wollte nicht weitergehen.

Erst als Oma akzeptierte, dass ich auch meinen Willen hab, hat sie nachgegeben und ist mit einem anderen Frauchen und meinem Hundefreund durchs Dorf gegangen. Hier konnte ich endlich mal das Bein heben und meine Duftmarke hinterlassen.

Ich hätte mich zu gern seitlich davongeschlichen. Ging aber nicht, musste brav an der Leine bleiben. Die Enten auf dem Teich haben mich schon interessiert, doch ich konnte sie nur wedelnd begrüßen.

Der Geruch nach gebratenen Würsten zog mich in die Richtung der Scheune und Oma ebenfalls. Gerade dachte ich noch, jetzt wird's erst richtig toll, da musste ich erkennen, dass das ein totaler Reinfall war.

Schätze mal, als mein Freund und ich ins Auto gesperrt wurden, haben die beiden Frauchen sich über die Würste hergemacht. Das nehm ich Oma übel. Hätte mehr Mitgefühl von ihr erwartet. Sie weiß doch, dass mir der Speichel im Maul zusammenläuft, wenn ich so was rieche und dann – ab ins Auto.

Die Hundeshow haben wir uns auch noch ansehen müssen. Zwar war Oma total begeistert, wie die Hunde da rumstolzierten und Bruno, der Fernsehhund, seine Kunststücke vorführte, mich jedoch hat das nicht die Bohne interessiert. Ist doch nur ein Angeber – dieser Bruno. Wer will denn schon für einen Fernsehauftritt tagelang – ach was – monatelang üben.

Als sich dann auch andere Hundehalter gemeldet haben, um mit ihren Hunden Kunststücke vorzuführen, bekam ich schon einen Schreck. Ich hab da überhaupt nicht hingesehen. Hab mich ganz ruhig verhalten, mich hingelegt und ein Nickerchen gemacht. Sollen die doch herumstolzieren, solange sie wollen, ich jedenfalls will das nicht. Ist mir auch alles viel zu anstrengend, dieses Gehopse und nur, damit man anschließend ein Leckerli bekommt.

Ich hab jedoch längst erkannt, dass man für ein Leckerli nicht gleich den Hundeclown spielen muss. Ich bekomme mein Leckerli schon, wenn ich auf Rufen reagiere. Dann freuen Frauchen und Oma sich riesig, dass ich mich bei ihnen einfinde. Warum also sollte ich mich auch noch dazu herablassen und Kunststücke vollführen. Ich lass das die anderen machen. Wenn die sich unbedingt tyrannisieren lassen wollen – bitteschön.

Als Oma dann die Schlossherrin begrüßte, hab ich mich allerdings ganz brav verhalten, hab sofort Sitz gemacht und sie ganz lieb angesehen. Man will sich ja nicht blamieren, weiß genau, dass ich dann nicht mehr mitgenommen werde.

Als die Schlossherrin dann meinen Namen hörte, war sie - glaube ich - ganz schön beeindruckt. Hat wohl nicht im Traum damit gerechnet, ausgerechnet Clooney in Wotersen anzutreffen.

Weihnachten und Silvester

Wenn es nicht so ungemütlich und kalt wäre, dann könnte Weihnachten mir ja auch gefallen. Wir gehen jetzt nicht mehr so oft spazieren und in der Alster schwimmen geht auch nicht. Frauchen sagt, das Wasser ist viel zu kalt.

Manchmal will ich auch gar nicht spazieren gehen, weil es zu Hause so köstlich riecht. Von diesen Gerüchen nach Kerzen und Tannen bin ich jedes Mal berauscht.

Und ganz besonders, wenn Oma sich in der Küche zu schaffen macht, weiche ich ihr nicht von der Seite. Sie backt Unmengen von Keksen und ich frage mich, ob sie das alles allein aufessen will.

Ich muss aufpassen, lege mich vor den Herd, um nicht übersehen zu werden und hoffe inständig, dass da etwas für mich herausspringt. Leider essen sie die Kekse ganz allein auf. Und dabei braucht auch ein Hund mal eine Abwechslung. Gesundes Fressen ist zwar nicht zu verachten, doch hin und wieder ein feines Gebäck, das würde mir schon gefallen.

Und wieder steht Oma in der Küche, ist schon ganz rot im Gesicht und ich frage mich, ob sie wohl so aufgeregt ist, weil sie nicht abwarten kann, bis der Braten fertig ist oder ob sie Angst hat, dass er plötzlich verschwunden sein könnte. Immer wieder guckt sie nach und freut sich, dass er noch da ist. Sowie sie den Backofen öffnet, strömt dieser köstliche Geruch durch die Wohnung. Ich bin sofort zur Stelle und lass sie nicht aus den Augen. Es ist kaum auszuhalten, bis der Braten endlich fertig ist und wir essen dürfen.

Inzwischen ist die Familie beisammen. Wir sitzen am Tisch und sind schon ganz hungrig und dann kommt endlich die gebratene Gans. Ich sitze zu Frauchens Füßen und muss höllisch aufpassen. Könnte ja sein, dass etwas herunterfällt. Leider warte ich vergebens.

In solchen Momenten bedaure ich wieder einmal, dass Frauchen keine Kinder hat, denn bei Kindern fällt immer etwas runter. Irgendwann bin ich ganz traurig und ziehe mich beleidigt zurück. Sie geben doch vor, mich ganz lieb zu haben und dennoch denken sie nicht an ihren armen Hund, der hier unter den Wohlgerüchen leidet.

Eine sehr praktische Einrichtung ist es auch, im Wohnzimmer einen Baum aufzustellen. Einmal, weil das frische Grün so berauschend duftet und zum anderen, weil man dann nicht ständig nach draußen laufen muss.

Ich verstehe allerdings nicht, warum es dann streng verboten ist, das Bein zu heben. Ich halte mich natürlich daran, will Oma ja auch nicht ärgern, nur verstehen kann ich's nicht. Stellen die einen Baum ins Wohnzimmer und man darf nicht.

Und dass Hunde und Pferde nicht fliegen können, halte ich für ein Gerücht. Hab's doch auf dem Weihnachtsmarkt selbst gesehen. Hoch oben über mir auf dem Weihnachtsmarkt am Rathaus fuhr das Rentier mit dem Weihnachtsmann auf dem Schlitten. Frauchen soll mir mal erklären, wie das da hochgekommen ist, wenn es angeblich nicht fliegen kann. Sollte mal alleine hingehen und das erkunden.

Und wenn ich da oben über all den Menschen fliegen würde, könnte ich ja mal … Nein, das gehört sich nicht.

Einmal im Jahr spielen die hier alle verrückt. Nur Oma und Opa verhalten sich noch tierisch vernünftig, doch was bringt das schon?

Da denkt man gerade, es ist ja auch irgendwie gemütlich zu Hause, weil es überall nach Gebackenem und Gebratenem riecht und dann veranstalten die so ein Theater. Schon wieder Krieg.

Früher dachte ich, im Krieg schießt eine Gruppe auf die andere, doch hier ist es anders. Hier schießt jeder auf jeden und alle durcheinander. Ist das denn eigentlich erlaubt?

Es ist schier unmöglich, bei dem Höllenlärm eine Pfote vor die Tür zu setzen. Frauchen hat mich zu Oma und Opa gebracht, doch auch hier ist es laut. Der Krach dringt durch jedes Fenster, jede Ritze, sodass ich nun schon stundenlang unter Opas Schreibtisch sitze und zittere, doch es hört nicht auf.

Frauchen ist richtig hinterhältig, hat mich hier abgegeben und ist irgendwohin gegangen, wo es bestimmt ganz ruhig ist. Ich vermute, sie hat auch Angst, doch warum nimmt sie mich nicht mit, lässt mich hier zurück. Bringt sich selbst in Sicherheit und wer denkt an mich? Sie weiß genau, das halten meine strapazierten Nerven nur bedingt durch. Irgendwann hau ich wirklich ab ins Käseland. Ich frage mich allerdings, ob die da diesen Unsinn nicht auch mitmachen.

Ich bin inzwischen so eingeschüchtert, dass ich schon nichts mehr fressen kann. Ist vielleicht auch gut so, dann muss ich wenigstens nicht mein Geschäft machen. Hab mir ohnehin vorgenommen, bis zum nächsten Morgen durchzuhalten. Jetzt jedenfalls setz ich keine Pfote vor die Tür. Obwohl Oma mich zwingen wollte, hab ich mich strikt geweigert, bin doch nicht lebensmüde.

Als sie mich dann auf den Arm genommen und vor die Tür gesetzt hat, dachte ich schon, jetzt setzt sie mich aus, doch irgendwann hatte sie Mitleid mit mir und hat mich wieder reingelassen.

Die ganze Nacht über hat es gekracht und ich bin nur kurz eingenickt. Hab mein Bedürfnis, das Bein zu heben, erfolgreich zurückgehalten. Zwar musste ich nötig, doch in Omas Wohnung halt ich mich generell zurück.

Am nächsten Morgen lockt Oma mich vor die Tür. Totenstille. Kein Auto zu hören, kein Mensch hier an der Alster und nur vereinzelt begegnen wir einem Hundefreund mit seinem „Hallo".

Nach so einer Nacht fühle ich mich wie im Paradies. Genieße den Spaziergang, kann das Bein heben, so oft ich will, mich im Schnee wälzen und den Ball, den Oma immer wieder verloren hat, zurückbringen.

Gerade dachte ich noch, dieses Hundeleben ist wunderschön, fängt es schon wieder an zu krachen.

Ich ziehe den Schwanz ein und wimmere. Ich will nicht mehr, will nur noch nach Hause. Oma hätte mir doch sagen müssen, dass der Krieg so lange dauert.

Nun liege ich wieder unter dem Schreibtisch und träume, dass alles bald vorbei ist und dass die im nächsten Jahr nicht wieder damit anfangen.

Silvester sollte man einfach ausfallen lassen.

Ab sofort habe ich überhaupt keine Zeit mehr, mich in Erinnerungen zu ergehen. Ich habe nämlich beim ehemaligen „Hafendockter" als Bootsmann angeheuert. So recht klappt das allerdings noch nicht, denn bei meinem ersten Einsatz bin ich im Hafenbecken des Museumshafens in Oevelgönne ins Wasser gefallen. Beim Einsteigen vom Beiboot ins Schiff hab ich wohl danebengetreten und dann war's passiert. Zwar haben Frauchen und Papa mich sofort am Halsband gepackt und ins Schiff gezogen, doch dann musste ich mich übergeben. So viel Aufregung haut auch den stärksten Seemann um.

Ich lass mich jedoch nicht entmutigen, denn jetzt kommt das Schiff in die Werft und in der Zwischenzeit nutze ich die Gelegenheit, das Einsteigen zu üben. Papa braucht mich doch, denn ohne den Bootsmann geht da gar nichts.

Zeitfracht Medien GmbH
Ferdinand-Jühlke-Straße 7
99095 Erfurt, Deutschland
produktsicherheit@kolibri360.de